Johann David Köhler

Des Herrn Professors Johann David Köhlers Anweisung für reisende Gelehrte,

Bibliotheken, Münz-Cabinette, Antiquitäten-Zimmer, Bilder-Säle, Naturalien- und Kunst-Kammern, u.d.m. mit Nutzen zu besehen

Johann David Köhler

Des Herrn Professors Johann David Köhlers Anweisung für reisende Gelehrte,
Bibliotheken, Münz-Cabinette, Antiquitäten-Zimmer, Bilder-Säle, Naturalien- und Kunst-Kammern, u.d.m. mit Nutzen zu besehen

ISBN/EAN: 9783743464230

Hergestellt in Europa, USA, Kanada, Australien, Japan

Cover: Foto ©ninafisch / pixelio.de

Johann David Köhler

Des Herrn Professors Johann David Köhlers Anweisung für reisende Gelehrte,

Des
Herrn Professors
Johann David Köhlers
Anweisung
für
Reisende Gelehrte,
Bibliothecken, Münz = Cabinette,
Antiquitäten=Zimmer, Bilder=Säle,
Naturalien= und Kunst=Kammern,

u. d. m.
mit Nutzen zu besehen.

Frankfurt und Leipzig,
In der Knoch= und Eßlingerischen
Buchhandlung. 1762.

Vorrede.

Die Verdienste des seel. Herrn Professor Köhlers, als einer wahren Zierde seines Vaterlandes, Sachsens, und zwoer Academien in Deutschland, haben sich bey der gelehrten Republick ein so unsterbliches Andenken erworben, daß man alles, was von diesem vortreflichen Manne herkomt, billig hoch schätzen muß. Die Herren Verleger haben dannenhero, durch

den

Vorrede.

den Abdruck dieser Anweisung, deren Abschrift unser hiesige Herr Stadt-Bibliothekarius Lcc. Kneusel, ihnen hochgeneigt mitzutheilen und die dermahlige Herausgabe zu besorgen, beliebet hat, sich dem gelehrten Publico gefällig zu machen, nicht entstehen wollen. Es wird ihnen auch hoffentlich nicht für eine Vermessenheit ausgelegt werden, daß sie die in der Handschrift ganz unbestimmte Rubrick: Itinerarium, in den Titel, einer Anweisung für reisende Gelehrte verändert haben. Wär diese von dem seel. Herrn Professor einigen Studirenden, auf der berühmten Academie zu Göttingen, zum Unterricht gehaltene Vorlesung, zum Druck bestimmet worden,

Vorrede.

den, so ist kein Zweifel, er würde selbst hierinne eine Aenderung gemacht, auch wohl das ganze Werk, nach seiner ungemeinen Einsicht in dergleichen Wissenschaften, weitläuftiger ausgeführt haben, welches allhier noch in verschiedenen Stellen, wegen des Schreibers Eilfertigkeit mangelhaft und abgekürzt scheinet.

Da indessen, als Rom und Griechenland sich auf die Geschichte und Litteratur zu legen anfiengen, das Reisen für ein nothwendiges Erfahrungs=Mittel gehalten ward, solches auch noch jetzo billig dafür zu halten ist: Dasselbe gleichwohl bey unsern aufgeklärten Zeiten, nach der Meinnng eines der größten Gelehrten,

Vorrede.

lehrten, in eine fast epidemische Seuche unserer flüchtigen Jugend, die nicht zu Hause bleiben kan, sondern die Natur eines andern annehmen, und seine eigene gerne verlieren will, abgeartet ist; So wird gegenwärtige Anweisung gewiß nicht ohne Nutzen seyn können.

Der Leser findet darinne viele auserlesene und nicht gemeine Anmerkungen, I. Bey Bibliothecken überhaupt, und insbesondere von Handschriften und Büchern. Die Anordnung der Bibliothecken beruhet meistentheils auf der Geschicklichkeit der Bibliothekarien, deren Eigenschaften der Herr Professor voraus setzet, und daher nichts davon erinnert. Man hat wohl eher

alte

Vorrede.

alte Männer, die weder lesen noch schreiben konnten, so wie auf der Juristen Bibliotheck zu Paris, ehemahls ein altes Weib mit den Spinnrocken angetroffen, das gleichwohl den Fremden die verlangten Bücher richtig herbey brachte. Dergleichen, nicht viel geschicktere Bücher-Aufseher sich wohl mehr finden mögen.

II. Bey **Münz-Cabinetten** lässet der Herr Professor seine Stärke in dieser Wissenschaft, welche Deutschland noch in seinen Münz-Belustigungen bewundert, in Bemerkung vieler seltener Münzen sehen. Wie es aber in dieser Wissenschaft eben so viel Phantasten, als in andern gibt, so kan man das lächerli=

Vorrede.

cherliche und nützliche darinne in Addissons Gesprächen vom Nutzen der alten Münzen finden. Wer weiß ob uns auch nicht ein gelehrter Münzmeister mit einem System vom Unterschied des ächten, und unächten Rosts der alten Münzen noch bereichert.

III. Von Antiquitäten = Zimmern, welche der Herr Professor in eine Abtheilung von Statuen, geschnittenen Edelsteinen, Steinschriften und künstlichen Instrumenten bringet, findet man gar merkwürdige Beobachtungen. Der berühmte Spohn, den man wohl den Antiquitäten=Factor der Engländer in Rom nennen konnte, hat diese Wissenschaft fast in ein Lehrgebäude gebracht.

gebracht. Die Statuen, welche, nach des Herrn Professors Meinung durch das Wort Bildseulen nicht recht ausgedruckt werden, theilet er in ordentliche und eigentliche Statuen in Ansehung der Materie, Grösse und Kleidung ein. So viel ist gewiß, daß die Bildseulen von je her ihre Unterthanen, so gar ihre verliebten Buhler und Anbeter gefunden haben. Anfangs machte man sie von Holz, oder aus Thon. Die hölzerne **Latona**, welche dem **Parmeniskus** die Gabe des Lachens, die er in **Trophons** Höhle verlohren hatte, wieder verschafte, verräth die schlechte Geschicklichkeit der Meister Hand. Die Götter der Römer waren, da noch Armuth,

Vorrede.

Tugend und Unschuld bey ihnen herrschete, von Holz oder aus Thon. Als man, spricht Seneka, bey Göttern von Thon schwur; Und Tibull bestärket es:

Tunc melius tenuere fidem, cum paupere cultu
Stabat in exigua ligneus æde Deus.

Nachher führeten die Rom zufliessenden Reichthümer den prächtigen Götterdienst ein, daß auch der feineste Marmor aus Paros, welcher in dieser Anweisung, vielleicht aus Versehen, öfters parisischer genennt wird, zu den Bildseulen noch zu geringe war. IV. Bey den Bilder-Sälen bemerket der Herr Professor die Gemählde, Holzschnitte und

Vorrede.

und Kupferstiche, auch die Handrisse und Zeichnungen. Man muß doch wohl der Geschicklichkeit der alten Mahler nicht viel zugetrauet haben, daß man ihnen, Menschen-Gestalten zu mahlen, eine Zeitlang verboten hat, denn sie hiessen **Thierzeichner.** Des alten griechischen Mahlers **Alcimachus** nackender **Dioxippus**, der mit dem bewafneten Macedonier ringet, und sich bis zur Verwunderung auf die Nachwelt erhalten hat, und andere alte egyptische Mahlereyen geben augenscheinliche Zeugnisse, wie weit die Alten von den Neuern in dieser Kunst übertroffen worden sind. Unsere Mahler-Academien bemühen sich um die Wette, ihren Wahlspruch; daß

der

Vorrede.

der Pinsel eines Mahlers, wie man von Aristoteles Griffel saget, in Verstand getunkt seyn müsse, zubehaupten. Die Königliche Gallerie zu Dresden enthält ohne Zweifel einen Schatz von Werken der größten Meister, der vielleicht alle Gallerien übertrifft. Die Stratonica, von Gerhards Lairesse Hand, im Cabinet des Herrn von la Boixieres wird, an Erfindung, Composition und Colorit von allen Künstlern in Paris für eins der vorzüglichsten Stücken gehalten. V. Bey den Naturalien-Cabinetten, als den Schatzkammern der Wunder des allmächtigen und weisesten Schöpfers, giebet der Herr Professor ebenfalls die nöthigen Anweisungen

gen, wie man alles in den dreyen Reichen der Natur beobachten müsse. Bey Betrachtung der **Mumien** berühret er insonderheit auch in Deutschland eine Art von unverweßlichen Leichen. Man findet im Königlichen Cabinet zu Dresden zwo Mumien von einer Manns- und Weibsperson, welche beyde unversehrt erhalten worden sind. Die erstere mag vielleicht die einzige in ihrer Art seyn, die nach Europa gebracht und bekannt worden ist. Man kan von ihnen eine gelehrte Beschreibung in des Herrn H. R. **Winkelmanns** Gedanken über die Nachahmung der Griechischen Werke in der Mahlerey und Bildhauerkunst lesen. VI. Bey den vielerley zu den

Kunst-

Vorrede.

Kunstkammern aus dem Reiche der Natur und kunstgehörigen Merkwürdigkeiten bringet der Herr Professor viele gute Anmerkungen unter andern vom chymischen Golde und von dem in unsern Tagen bis zur höchsten Feinigkeit getriebenen Sächsischen Porcellain an. Die grossen prächtigen und kostbaren Stücke, so man von diesem Porcellain verfertiget hat, haben die Bewunderung der Welt auf sich gezogen, und wär der ernstliche Anschlag, des Königs Statue in Lebens=Grösse zu Pferde daraus zu bilden, nicht durch mancherley Umstände der Zeit gestöhrt worden, so würde Sachsen der Nachwelt gewiß ein neues Wunder der Kunst vor Augen gestellt haben.

Die=

Vorrede.

Dieses ist es, was man dem geneigten Leser von der Geschichte und dem Inhalt dieser Schrift in der Kürze zu melden nicht hat ermangeln wollen, in Hofnung, daß er solches und unsere dabey zufällige Gedanken gütig beurtheilen wird. Frankfurt im Hornung 1762.

Inhalt.

I. Capitel. von Bibliothecken. Seite 5.

II. - - von Münz-Cabinetten 65.

III. - - von Antiquitäten-Zimmern. 145.

IV. - - von Bildersälen. 168.

V. - - von Naturalien-Cabinetten. 216.

VI. - - von Kunstkammern. 256.

Johann David Köhlers.
ITINERARIUM.

PROLEGOMENA.

Es sind hauptsächlich zwey Sachen, die unsere Gelehrsamkeit vollkommen machen: die Erkänntnis, und die Erfahrung. Die Erkänntnis erlangen wir durch den Unterricht der Lehrer. Die Erfahrung erhalten wir durch unser eigenes Nachforschen, und hauptsächlich auf Reisen. Wir treffen freylich auch grosse Gelehrte an, die nicht gereiset sind. Allein dem ungeachtet behält die Meynung doch billig die Oberhand, daß das Reisen einem Gelehrten sehr nothwendig sey. Die beyde kultivirteste Völker, die Römer und Griechen, haben zur Erweiterung der Wissenschaften für höchstnöthig gehalten, andere Oerter zu besuchen, und ihre Gewohnheiten und Künste zu erforschen. Die Römer besuchten hauptsächlich Athen, die Insel Rhodus, und Marseille oder Marsiliam. *Epictetus*, ein Feind aller Eitelkeit, der nur bloß virtutis studium anpreiset, sagt: es wäre einem Menschen sehr unanständig, immer wie ein Baum auf seinem Erdreiche stehen zu bleiben. Man lese Joannis Francisci *Buddei* Dissertat. de peregrinationibus Pythagoræ. *Kriegii* Dissertatio de peregrinationibus Romanorum academicis. *Walchii* Dissertat. de peregrinationibus Ciceronis. *Berneggers* Dissertat. de peregrinationibus Studiosorum. Weil Gelehrte hauptsächlich darum auf Reisen gehen, um ihre Gelehrsamkeit zu erweitern; so will ich ihnen zeigen, wie sie sich auf Reisen, als Gelehrte, das, was hin und wieder zu sehen ist, zu Nutze machen können. Ich will ihnen zeigen, wie sie Bibliothecken, Münz-Cabinetter, Antiquitäten-Zimmer, Bilder-Säle, Naturalien-Kammern und Kunst-Kammern, mit Nutzen besehen, und geschickt beurtheilen können. Ich gehe also von allen andern, die bisher von Reisen geschrieben haben, ab. Neulich hat ein Benedictiner-Mönch, Oliverius *Legipontius* zu Berlin ein Itinerarium seu Prudentiam apodemicam geschrieben. Mein Collegium soll nicht allein auf den Nutzen auf Schulen, sondern auch auf den Nutzen im ganzen Leben gehen.

CAP.

CAP. I.

Von Bibliothecken.

Bücher zu kennen ist allen Gelehrten unentberlich. Daher denn auf Reisen die Bibliothecken zuerst zu besuchen sind, wozu grosse Klugheit erfordert wird. Vier Stücke werden dabey zum voraus gesezt: Notitia generalis & specialis de Bibliothecis; Temporis & Legum cognitio, secundum quas Bibliothecæ sunt frequentandæ; Ordo Bibliothecæ; Particularia Bibliothecæ. Wir wollen jezt zuerst überhaupt von Bibliothecken handeln, und hernach den Inhalt, oder die Contenta, derselben durchgehen. Ueberhaupt ist also zu merken: 1.) Die Bibliothecken werden in publicas und privatas abgetheilet. Man muß sich also an einem jeden Orte darnach erkundigen. Oeffentliche Bibliothecken nenne ich diejenige, die grosse Herren, Städte, Universitäten, Gymnasia, oder gelehrte Gesellschaften, errichtet haben. Es ist kein Land, wo nicht einige Fürsten und Stände ihren Unterthanen zu Liebe Bibliothecken errichtet hätten. Auf Universitäten und Gymnasiis müssen sie nothwendig seyn. Ich nenne sie öffentliche Bibliothecken, weil einem jeden der Zutritt dazu verstattet wird.

Sie sind denen privat Bibliothecken darin vorzuziehen, daß sie auf alle Wissenschaften gehen; weitläuftiger, kostbarer, und beständig sind, und immerfort Zuwachs bekommen. Privat Bibliothecken nenne ich diejenige, die Personen, welche in grossen Würden stehen, und ansehnliche Gelehrte, gesammlet haben. Sie sind den öffentlichen Bibliothecken nicht gleich zu schätzen, weil sie nicht allgemein sind, sondern ein jeder sich dieselbe zu seinem eigenen Gebrauch gesammlet hat, und nur aus Güte andern darbietet; weil sie gemeiniglich nicht vollständig sind, da ein jeder nach seiner Absicht sich Bücher anschaft, weil sie nicht zu allen Zeiten offen sind, auch nicht einmahl zu Paris, da doch so viele Fremde sind, und endlich, weil sie nicht beständig sind: so ist z. E. die Bibliotheck des grossen Parlaments - Präsidenten, Jacobi *Thuani*, ob er gleich deswegen ein Fideicommissum gemacht, doch nicht auf den dritten Mann gekommen. 2.) Eine *generale Notiz* von Bibliothecken kan man aus verschiedenen Büchern erlangen. Hieher gehöret *Galloie* des plus Belles bibliotheques de l'Europe. Des Französischen Jesuiten Ludovici *Jacobi* Buch unter eben dem Titel. *Lohmeier* de Bibliothecis, Utrecht 1586. 8vo. Eine weitläuftige Nachricht von dergleichen Schrif-

Schriften treffen wir in *Struvii* Introductione in Rem litterariam an. Man verfähret aber noch besser, wenn man sich die special-Nachrichten bekannt macht. So hat *Conring* eine Epistolam de Bibliotheca Guelpherbytana geschrieben, und nach ihm *Burcardus* in zween Quartbänden. *Marteri* de præcipuis Bibliothecis Parisiensibus. *Crantz* de Bibliothecis Sueciæ. *Bichardus* de Bibliotheca Vindobonensi. *Marteri* Dissertatio de celebrioribus Bibliothecis. 3.) Die Regeln, wornach man sich in Besuchung der Bibliothecken zu richten hat, sind folgende. Wenn ich weiß, wo Bibliothecken sind, so muß ich mich zu rechter Zeit dahin verfügen. Alsdenn muß ich mich um die *Leges* bekümmern, z.E. ob ich ein Buch selbst heraus nehmen darf, und etwas daraus abschreiben, und womit dieses geschehen darf. Darauf muß ich mir die *Catalogos* von den Bibliothecken ausbitten, die entweder locales, nach der Ordnung der Bibliotheck, oder materiales, nach der Materie der Bücher, oder alphabetici, nach der Ordnung des Alphabets, eingerichtet sind. Alsdenn muß ich hauptsächlich auf die Anordnung der Bücher sehen. Gabriel *Naudæus* ein Medicus, ist zu unsern Zeiten ein grosser Bibliothecarius gewesen. Adrianus rus *Baillet* ist ein Bibliothecarius des Cardinals Launoie gewesen. Diese beyde grosse Leute haben sich aber auch nicht vergleichen können, wie man eine Bibliotheck anordnen solle. Ich habe zu Altorf eine Syllogen aliquot Consiliorum de adornanda Bibliotheca drucken lassen. Darin ist ein Anschlag von *Garnier*, einem Custode der Bibliotheck des Jesuiter-Collegii zu Paris. Ferner des berühmten Dänen, Friderici *Rosgard*, Meynung, wie eine Bibliotheck anzuordnen sey, welcher grosse Geschicklichkeit hat, und viel gereiset ist. Endlich des berühmten Prälaten Justi *Fontanini* Anschlag. Insgemein pflegt man so am besten zu verfahren, daß man die Bibliothecken nach den vier Hauptwissenschaften auch in vier Theile eintheilet. Bey den Theologen macht man die Abtheilung in orthodoxos und heterodoxos, welche letztere allezeit verschlossen sind. Der Jesuiter-Orden theilet die Bibliotheck in Bibliothecam Societatis und Peregrinorum, d. i. in Bücher von Jesuiten, und von andern Gelehrten, ein. Sehr schön ist es, wenn Inscriptiones über den Fächern der Bücher stehen. In vielen Bibliothecken, als zu Leipzig auf der Raths-Bibliotheck, stehen die Bücher in einem Schrank mit Drat überzogen. In Frankreich ist an jedes Bret

ein

ein seidener oder lederner Vorhang, und an einigen Orten ein Futeral von Pap über die Bücher gemacht, um die gleiche Grösse derselben zu erhalten, da denn z. E. die verschiedene Editionen und Formate von einem Buche doch in gleich grossen Pappen stehen. Das ist es, was wir zuerst überhaupt von Bibliothecken haben merken müssen.

Nun kommen wir auf die *Contenta* einer Bibliotheck. Diese sind entweder *substantialia*, oder *accidentalia*.

Die *Substanz* einer Bibliotheck sind die Bücher, und diese sind entweder geschrieben, oder gedruckt.

Die geschriebene Bücher können wir theils überhaupt, theils insbesondere, betrachten.

Ueberhaupt ist von den geschriebenen Büchern zu bemerken, daß sie, als die älteste, billig oben an stehen, und das kostbarste Kleinod einer Bibliotheck sind, wornach man hauptsächlich auf Reisen zu fragen hat. Ich muß also auch zeigen, wie sich ein reisender Gelehrter der geschriebenen Bücher bedienen soll. Man ersparet vieles Nachforschen, wenn man weiß, wo Ma-

A 5   nuscri-

nuscripta anzutreffen sind. Und da muß man sich der *Catalogorum* bedienen. Man lese hauptsächlich des berühmten Benedictiner- Mönchs Bernard *Montfaucons* (Bibliothecam Manuscriptorum novam, welche einen Catalogum von der Vaticanischen, wie auch von der Bibliotheck der Königin Christina, die zu der erstern gefügt worden, und von vielen andern, in sich enthält, es sind aber blosse Catalogi. Man hat auch einen Anfang von der Bibliotheca Cæsarea Vindobonensi des *Lambecii* in 8. Folianten, dessen Nachfolger Daniel *Leſſelius* in einem Folianten einen Catalogum Manuscriptorum græcorum dieser Bibliotheck geschrieben. Thomas Schmidt hat einen Catalogum Manuscriptorum Bibliothecæ Oxonianæ. Theophilus *Spitzelius* einen Catalogum Manuscriptorum Bibliothecarum illustrium. *Cyprianus* einen Catalogum Manuscriptorum theologicorum herausgegeben. Man hat auch angefangen, einen Catalogum Manuscriptorum Bibliothecæ Regiæ Parisiensis zu schreiben. Die Erhaltung und Abschreibung vieler schönen Bücher haben wir in den Abendländern den Benedictiner- Mönchen zu danken. Benedictus ihr Stifter, hatte ihnen nemlich anbefohlen, das ora & labora ja nicht von einander zu trennen,

nen. Er hatte ihnen auch Handarbeit aufgelegt, nemlich das Bücher-Schreiben, und Garten- und Feldarbeit. Das Bücher-Abschreiben war aber das vornehmste. Bey den alten Römern und Griechen schrieben die Notarii die Bücher ab. Die Mönche wurden aber nachher hauptsächlich dazu genommen, weil sie nicht in Sæculo lebten. Conf. *Cassiodorus* in Institutionibus divinis Lib. 2. Cap. 7. *Montfaucon* de Studiis monasticis. Die Mönche sind also damals nicht so faule Bäuche gewesen. Sie schrieben erstlich die Heil. Schrift nach der lateinischen Uebersetzung des Hieronymi, die Patres, die Libros lyturgicos, die sie haben musten, historische Bücher, wie man denn in jedem Closter einen Historicum antrift. *Eusebius* ist der erste gewesen unter den Christen, der uns ein Chronicon von Erschaffung der Welt an hinterlassen, welches *Hieronymus* aus dem Griechischen ins Lateinische übersetzt hat. Das musten sie auch abschreiben. Ferner musten sie auch abschreiben die Canones Ecclesiasticos, das Corpus Juris, die von den Arabern übersetzte griechische Medicos, und für die Schulen in den Clöstern die Auctores classicos. Die Griechische Mönche, die Basilius gestiftet, musten auch abschreiben,

und

und noch mehrere Handarbeit thun. Alle Manuscripta kommen also aus den Clöstern her.

Insbesondere haben wir bey den geschriebenen Büchern 1.) derselben *Formam externam*, 2.) derselben *Formam internam*, zu betrachten, und wenn dieses geschehen ist, so wollen wir 3.) die merkwürdigste *Manuscripta* selbst recensiren.

Bey der *Forma Manuscriptorum externa* haben wir so wohl auf den Band, als auf die Grösse der Manuscripte zu sehen.

In Ansehung des Bandes giebt es gebundene und ungebundene Manuscripte.

Die gebundene *Manuscripta* haben freylich nicht alle ihre alte Bände mehr. Aber es gibt doch noch viele, die sie noch haben. Und da müssen wir die dreyfache Ligatur der alten bemerken. 1.) Es gibt Bände von Elfenbein. Nemlich die alte Bücher wurden vor Zeiten auf Pulte gelegt, und an Ketten geschlossen. Man kan sie also aufschlagen, aber nicht wegnehmen. Auf der äussersten Seite war also eine Elfenbeinerne Tafel, die von den Römischen Consulibus herkam, die ein Enchiridion, worin

sie

sie ihre Expedienda zeichneten, in einem wohlausgearbeiteten Elfenbeineren Futeral, welches Dyptichon genannt wurde, mit sich führeten, worauf allerhand Historien geschnitzt waren. Die Christen liessen erst ihre Kirchen-Bücher so binden. Alexander *Wilthemius* hat uns eine Nachricht de Dyptichis Leodiensibus gegeben. Der Herr *Salig* hat uns von den Hällischen Dyptichis Nachricht gegeben. Johann Christian Leich hat anno 1743. eine Diatriben de Dyptichis geschrieben. Die Dypticha sind nur anderthalb Hand breit. 2.) Die andere Art der Bände war von goldenen und silbernen Blechen, die mit silbern Nägeln befestiget wurden, worauf von getriebener Arbeit eine Biblische Geschichte war. Zu Regenspurg in dem Stift St. Emeran ist auf dem Codice quatuor Evangeliorum, welchen Carl der Dicke schreiben lassen, ein kostbares Involucrum anzutreffen. Unter den darauf eingefaßten Edelsteinen findet man oft kostbare geschnittene. 3.) Die dritte Art der Bände war von Leder. Dieses war die gemeinste Ligatur. Nemlich es wurde ein lederner Band von Holz mit Jucht überzogen auf die Bücher gelegt, und wurden Pukkeln von Metal oder Silber darauf gemacht. Allein man findet sehr selten einen solchen Band von
gleichem

gleichem Alter mit der Schrift. Selbst, wie die berühmte Heidelbergische Bibliotheck im dreyßigjährigen Kriege von dem Leo *Allatius* nach Rom gebracht werden solte, so wurden alle Bände abgeschnitten, um sie desto besser fortbringen zu können.

Die ungebundene *Manuscripta* sind von zweyerley Art. 1.) Die älteste sind diejenige, die *in volumine* geschrieben sind. Die Alten hatten nemlich keine Bücher mit Blättern, sondern sie schrieben gleichsam um ein Blatt, rolleten es auf, und legten es hin, welches ein Volumen war. Bey den Juden findet man die Thora noch so. Die Ende waren alle mit langen Stäben eingefasset, welche Cornua hiessen, und vorn an der Spitzen hiengen die Tituli. Wenn die Alten von Büchern reden, so sind allemahl Volumina darunter zu verstehen. In Italien haben nachher noch viele Medici in Volumine geschrieben. Vide *Brouwer* in Historia Trevirensi Tom. I. p. 105. 2.) Die andere Art sind die *Libri plicatiles*. Nemlich das Papier wurde seitenweise gebrochen, und darauf auf beyden Seiten geschrieben. Der Herr Professor Schwartz hat anno 1717. eine Dissertation de Libris plicatilibus veterum geschrieben. Daher kommt die Redens-Art: explicare librum.

Die Grösse der *Manuscripte* ist verschieben. Die älteste Manuscripta sind in 4to. Weit neuer sind die in klein Folio, die der Quadraturæ ziemlich nahe kommen.

Bey der *Forma Manuscriptorum interna* haben wir zu sehen 1.) auf die Materie, worauf, 2.) auf den *Liquorem*, womit, und 3.) auf die Sprache, in welcher, sie geschrieben sind.

Die Materie, worauf die Manuscripte geschrieben sind, ist zweyfach. 1.) Pergament. Alle alte Codices sind auf Pergament geschrieben, welches entweder aus Kalbleder, oder aus Schaafleder gemacht ist. Daher wir Membranam densiorem, crassiorem, und tenuiorem, antreffen. Die erstere ist die älteste. Ob der König Attalius zu Pergamus das Pergament zuerst erfunden habe, ist ungewiß. Das Pergament war sehr wohlfeil. Es muste aber erst geglättet, und mit Linien bezogen werden. In alten Codicibus ist es densior, in neuern, als in Codice pandectarum Florentino, tenuior, welches wie Postpapier ist. 2.) *Charta.* Quævis materia scripturæ capax ward vor Zeiten Charta genannt. Conf. *Hugo* de Origine Artis scribendi. Charta wird in Niliacam seu
Nilo-

Niloticam, Corticiam, Bombyſinam, und Linteam, eingetheilet. Charta *Nilotica*, die *Papyrus* hieß, iſt verlohren gegangen. In Egypten war eine Pflanze, die Paphrus hieß, wie Flachs, deren Fäſerchen die Alten Creutzweiſe auf einander klebten, und darauf ſchrieben. In Egypten konnte man dieſes Papier nicht in gnugſamer Menge anſchaffen, daher man auf die Membrane verfiel. *Tacitus* und *Plinius*, nebſt andern, handeln davon. Die Staude iſt noch in Egypten. *Montfaucon* in Palæographia græca Lib. 2. Cap. und *Lambecius* in Bibliotheca Vindobonenſi wollen auch noch einige Stückgen davon gefunden haben. Nach der Nilotica machten ſie *Corticiam*, von zuſammengeklebten birkenen und lindenen dünnen Häutgen, die aber trocken und zerbrechlich wurden. Man trift zu München noch einige Stückgen davon an. Das Evangelium, das in dem Grabe Caroli Magni ſoll gefunden ſeyn, und darauf von den Kayſer bey der Crönung geſchworen werden muß, ſoll in Charta Corticia ſeyn. Es kam auch in Orient Charta *Bombycina* oder *Gottonia* auf, welche aus einem frutice lanigero, und alſo von Baumwolle, gemacht wurde. *Salmaſius* ad Plinium hat weitläuftig davon gehandelt. Dieſes war Charta

den-

densa, und sehr weiß. Der Alcoran, und die meisten Codices græci sind darauf geschrieben. Im eilften und zwölften Sæculo hörte es auf, und man schrieb auf Membrane. Dem folgte Charta *Lintea*, oder unser heutiges Lumpenpapier. Es ist gewiß eine grosse Wohlthat GOttes, daß diese Erfindung zu Stande gekommen. Denn die Pergamente wurden sehr kostbar. Die undankbare Welt hat aber dessen Erfinder verschwiegen, so daß der Canzler von *Ludewig* ein Præmium auf dessen Kundmachung gesetzt. Diese Erfindnng ist nicht vor dem zwölften oder dreyzehenten Sæculo zu Stande gekommen. Die Codices Manuscripti sind also entweder auf Corticia, oder Bombycina, oder Lintea Charta, geschrieben, und den letzteren werden die Membranacei, als ältere immer vorgezogen. Die Bücher wurden daher auch erst auf Pergament gedruckt. Die Lintea Charta übertrift aber doch alle andere Arten.

Der *Liquor*, womit die Manuscripte geschrieben sind, ist hauptsächlich vierfach. 1.) Mit schwarzer Dinte ward am meisten geschrieben, weil das Papier weiß war. Die Alten hatten aber ganz andere Dinte. *Plinius* hat in seiner Historia naturali Lib. 30. Cap. 6. von der Dinte der Alten ein beson-

besondere Abhandlung geliefert. Er sagt, sie sey von der Galle eines Fisches, ... genannt, oder von dem Rus der Oefen, oder Kinrus, gemacht worden, den sie mit Wasser und Gummi temperirten. Sie ist aber mit der Zeit verschossen, und je älter ein Codex ist, je mehr hat die Dinte, besonders in den Membranis, von ihrer Farbe verlohren. Doch beobachtet man dabey, daß, wenn die Membrana nicht gnug polirt gewesen, die Dinte mehr eingedrungen, und noch stärcker ist. In Charta Bombycina ist sie aber weit schöner geblieben. 2.) Mit rother Dinte, welche Minium, Mennich, genannt wird, schrieben sie nur die Titel der Bücher und der Capitel. *Ovidius* verbiethet seine Libros tristium so abzuschreiben: nec Titulus Minio, nec - - - Charta notetur. Am Rande schrieb man auch wohl mit rother Dinte. Nicht aber ganze Bücher. In neueren Zeiten hat man die rothe Dinte besser zu machen gewust, und die Anfangs-Buchstaben roth gemacht. Daher die Rubricæ kommen. In den ersten gedruckten Büchern machte man auch Anfangs-Buchstaben roth, oder bunt, und die Leute, die es machten, hiessen Illuminatores. Vom zwölften Sæculo findet man bey dem Titel und den Anfangs-Buchstaben **auch blau,** das sehr schön aufgetragen ist.

Vor

Vor grüner und gelber Farbe hat man sich in alten Zeiten in acht genommen. 3.) Hatte man die goldene und silberne Dinte. Die Alten hatten die Kunst Chrysogrammiam, die erst mit dem Christenthum aufgekommen ist, da man die Bibel und Evangelien-Bücher so hoch gewürdiget, sie auf diese Art zu schreiben. Man nahm reines Gold und Silber darzu, das noch heut zu Tage gut ist. Man findet ganze Evangelia und Bücher der Heil. Schrift so geschrieben. Das schönste findet man zu Regenspurg zu St. Emeran in der Sacristey, welches zu Arnulfi Zeiten geschrieben worden. In der Königl. Bibliotheck zu Paris ist ein Codex Bibliorum, welchen Basilius Macedo zu Constantinopel so schreiben lassen. In andern Büchern sind die Titel, die Anfangs-Buchstaben, und der Name GOttes, mit Golde oder Silber geschrieben. Die Alten überzogen das Pergament mit Purpur-Farbe, und darüber setzten sie das Gold. Die Ehestiftung des Kaysers Ottonis II. mit seiner Gemahlin Theophania ist so geschrieben, und wird zu Gandersheim gezeiget. Dieses ist schon zu den Zeiten des heiligen Hieronymi im Gebrauch gewesen, da er in der Vorrede über den Hiob darauf schimpft. Man sagt, diese Kunst sey verlohren gegangen. *Mont-faucon*

faucon hat aber in der Palæographia græca Lib. 1. Cap. 1. verschiedenes aus griechischen Scriptoribus aufgezeichnet. Nemlich die Chrysographi stiessen erst Mennich in Mörser, und mischten es mit Eyerweis, schrieben damit die Buchstaben auf das Pergament, und trugen darauf das Gold, das sie mit einem Wolfszahne polirten. Das 4.) was wir bey der Dinte zu beobachten haben, sind die *Picturæ*, die entweder mit einer oder mehreren Farben gezeichnet sind, und uns das, was in den Büchern vorkommt, vorstellen. In der Kayserlichen Bibliotheck zu Wien ist so ein schöner Codex Bibliorum, mit allen Biblischen Gischichten. *Lesselius* führet ihn nach dem *Lambecio* an. In der Bibliotheca Ambrosiana zu Mayland ist die Ilias *Homeri* so geschrieben. In dem *Terentio* Vaticano sind alle Maßken der Comödien abgezeichnet. In dem bekannten Sachsenspiegel ist das ganze Sachsen = Recht in Bildern vorgestellet. Es ist auch ein Bayerisches = Recht so vorgestellet. Zu Florenz ist der *Hesiodus* mit allen Instrumentis agrariis abgezeichnet. Zu Breslau hat der Französische Historicus, *Froissard*, alle Geschichte mit solchen mit der Feder gezeichneten Bildern gezieret. Der Kayser Wenzel hat alle seine Fata so aufzeich-

nen

nen laſſen. Solche Codices ſind nun ſehr hoch zu halten. Bey der Dinte iſt 5.) noch zu merken, daß viele aus unnöthigem Fleiße die Buchſtaben mit neuer Dinte überzogen, und den Ruhm des Alterthums dadurch verdorben, worüber ſich *Montfaucon* und *Mabillon* ſehr beſchweren. Z. E. zu Erbach auf einem Dorfe, gieng ein Officier mit dem Dorf-Prediger ſpazieren, und fand ein vor dem Dorf ſtehendes Creutz vom Winde umgeworfen; wie ſie nun das Loch reinigten, worin es geſtanden, ſo fanden ſie unten einen alten Zettel vom neunten Sæculo, worauf geſchrieben ſtand, daß der Abt *Eginhartus*, Caroli Magni Secretarius, mit ſeiner Gemahlin das Creutz dahin ſetzen laſſen; da aber die Schrift Alters halber ſehr verloſchen war, ſo machte ſich der Pfaff darüber, und überzog dieſes vortrefliche Alterthum mit neuer Dinte, und ſchickte es mir zu.

Die Sprache, in welcher die Manuſcripte geſchrieben ſind, iſt entweder Lingua mortua oder viva. Linguæ *mortuæ* ſind die, die keine Nation mehr zu ihrer Mutterſprache hat. Dergleichen ſind ſo wohl in Orient, als in Occident geweſen. Unter den Orientaliſchen wird die Ebräiſche Sprache nicht mehr als eine Mutterſprache

Sprache geredet. Zu den Occidentalischen gehören die Griechische und die Lateinische Sprache. 1.) Die älteste griechische Codices Manuscripti, die wir heut zu Tage noch haben, sind vom sechsten Sæculo: *Montfaucon*, der grosse Reisen deshalben gethan hat, sagt in seiner Palæographia græca, und in seiner Bibliotheca Coisliniana, daß die älteste Codices mit Litteris uncialibus, oder grossen Buchstaben, geschrieben wären. Die grossen Buchstaben findet man auch noch in den Inscriptionibus. Sie heissen Litteræ unciales, von Uncia, welches ein Nomen Mensuræ bey den Alten ist. Die Uncia war der zwölfte Theil von dem Asse, und sie selbst wurde wieder in zwölf Theile getheilet. Das Wort ward auch in Abmässung der Länge gebraucht, und da war ein Daum der halbe Theil einer Uncial. Die Griechen theilten ihre 24. Buchstaben in zwölf Unzen ein, und hatte also ein jeder Buchstab eine halbe Unze. Wir finden das Wort schon bey dem Hieronymo in der Vorrede von dem Hiob, die er im vierten Sæculo geschrieben. Man richtete sich darin nach den alten Inscriptionibus und Münzen, da die Materie, worauf die alte Codices geschrieben gewesen, sehr zerbrechlich gewesen. Man nannte diese Buchstaben auch quadratas und rotundas,

das, weil man einen Zirkel machen muſte, wenn man ſie richtig machen wolte. Davon findet man aber wenige Codices, und *Montfaucon* hat auf allen ſeinen Reiſen nur 30. und auch dieſe faſt alle unvollkommen, gefunden. Vom ſiebenten, achten, und folgenden Sæculis findet man die Buchſtaben zwar quadratas, aber kleiner, und mit Accentibus und Spiritibus. Die Buchſtaben ſind auch alle aneinander gehänget, welches bey den Uncialibus nicht war. Je neuer die Codices ſind, je elender werden die Buchſtaben, und finden ſich dabey auch Puncta und Commata. Nach dem neunten Sæculo kommen auch viele Abbreviaturen vor, welche die Tachygraphi erfunden haben. Im dreyzehenten Sæculo findet man lauter kleine und zuſammengezogene Buchſtaben. Bey den Griechen war eine Schreiber-Zunft, die ſich in calligraphos und tachygraphos abtheilte. Welches in Alexandrien, auf den Inſeln, und in den Clöſtern geſchahe. In Calabrien und Sicilien ſind auch viele geſchrieben. Je jünger die Codices ſind, deſto mehr Notas und Abbreviaturas trift man in denſelben an. *Montfaucon* hat davon Nachricht gegeben. Wir haben Notas rhetoricas, muſicas, arithmeticas, aſtronomicas, u. ſ. f. Nach der Eroberung der Stadt Conſtantinopel

B 4   kamen

kamen viele Griechen nach Italien, daher eine solche Menge von griechischen Manuscriptis mit dahin gekommen. Diese Codices græci sind entweder blattweise, oder in Columnis geschrieben. Das letztere thaten sie, wegen der Geschwindigkeit, lieber. 2.) Die lateinische Codices Manuscripti haben mehr Unterscheid in ihrer Schreibart. Die alte Münzen und die Inscriptiones zeigen uns die ältesten Buchstaben. Die vom fünften Sæculo sind auch mit uncialibus quadratis und rotundis Litteris geschrieben. Die Cursiv-Schreibart kam erst bey dem Einbruch der fremden Völker auf. Als die West-Gothen im sechsten Sæculo, und nachher die Ost-Gothen, kamen, so hatte man Litteras latinas Gothicas. Im siebenten und achten Sæculo kam die Scriptura Longobardica auf, die lang und schlecht war. Im neunten Sæculo entstand die Scriptura Francica, welche besser war. In Anglia, als es Christlich war, kam Scriptura Anglo-Saxonica auf. Conf. *Hickesii* Thesaurus Linguarum septemtrionalium. Indessen haben doch die Nachkommen der Lateiner eine kleinere reine Schreibart behalten. Nachher wurden in den Clöstern eigne Leute, die Bücher abschreiben musten, bestellet, denen man auftrug, die Bücher mit grossen oder kleinen Buchsta-

Buchstaben zu schreiben. Bey allen diesen Veränderungen der lateinischen Schreibart wurden doch die Unciales Litteræ beybehalten, die man Capitales oder Capitulares nannte, weil man damit die Capitula anfieng, und sie schön mahlte. Diese Litteræ Capitulares hatten keine certam Magnitudinem, sondern sie waren oft ganze Seiten groß. Eine andere lateinische Schreibart kömt aber in Diplomatibus, und eine andere in Codicibus vor. Kein Diploma ist mit Capitular-Buchstaben geschrieben, sondern alle mit Cursiv-Buchstaben. Sie sind lang und kraus gezogen, aber doch cursiv. Der berühmte Abt Gottfried, im Closter Gottwich, in Oesterreich, hat sich Mühe gegeben, diesen Unterscheid zu zeigen. Je jünger die lateinische Codices sind, desto mehr Abbreviaturen haben sie, so, daß sie auch zu Justiniani Zeiten schon eingerissen waren, da Justinianus verbiethen muste, die Libros Juris so zu schreiben. Es ist bekannt, daß Tiro, der Libertus Ciceronis, Notas erfunden. Aber man trift doch keine alte Codices davon an. Die alte Codices haben das a und e voneinander gesetzt. In neueren Zeiten wolten sie nicht einmahl ein æ machen, sondern nur ein e. Die Alten hatten auch kein kleines s. sondern lauter lange ſ. Wir finden

finden auch die alten Codices græcos & latinos ab utroque latere scriptos, und in Columnen geschrieben, und hinten stehet die Zeit, da der Codex geschrieben ist, und ein Fluch wider die, die was hinzu setzen würden, ein Wunsch aber für des Abschreibers Seele, weil es ihm so sauer geworden, den Codicem abzuschreiben. Da wir nun bisher so wohl von der Forma externa, als interna, der geschriebenen Bücher gehandelt haben, so müssen wir nun drittens die merkwürdigsten Manuscripta selbst anzeigen.

Was die merkwürdigste *Manuscripta* selbst, die wir noch haben, betrift, so müssen wir erst überhaupt etwas davon gedenken, und alsdenn insbesondere dieselbe durchgehen.

Ueberhaupt sind die merkwürdigste Manuscripta, die wir noch haben, entweder *anecdoti*, oder *editi*. Die Codices anecdoti sind in nicht geringer Anzahl annoch vorhanden. Doch sind sie sehr selten zum abschreiben zu erhalten. Nicht allein in der Kayserlichen, sondern auch in der Bodleiana, und in verschiedenen Italienischen Bibliothecken, sind sie in grosser Anzahl. In der Coisliniana, die der Parisischen einverleibet worden, waren 42. Codices

dices Manuscripti græci. Nach den Anecdotis fragt man am allererſten und ſorgfältigſten. Nach denen Editis fragt man nur darum, um ſie mit den gedruckten Exemplaribus conferiren zu können.

Insbeſondere wollen wir die merkwürdigſte Manuscripta, die wir noch haben, in gewiſſen Claſſen abtheilen, und alſo 1.) Von Bibliſchen, 2.) Von Griechiſchen, 3.) Von Lateiniſchen, 4.) Von Teutſchen, und 5.) Von Orientaliſchen Codicibus munuſcriptis reden.

Unter den berühmteſten Bibliſchen Codicibus manuſcriptis ſtehet 1.) billig oben an: Biblia græca Vaticana LXX interpretum. Alle Kenner müſſen eingeſtehen, daß ſie kein älteres Buch geſehen haben. Der Papſt Sixtus V. hat Sorge getragen, daß die andere Codices mit dieſen conferiret, und daraus verbeſſert wurden. 2.) Codex bibliorum Bibliothecæ Colbernæ N. 3084. Es fehlen darin 24. Blätter. Er iſt auch einer von den älteſten Codicibus. 3.) Codex bibliorum Bibliothecæ Cæſareæ Vindobonenſis. Dieſer iſt auf Membrana purpurea mit goldenen und ſilbernen Buchſtaben geſchrieben. Doch iſt das erſte Buch Moſes nicht ganz complet

darin

darin. 4.) Der sogenannte Codex Alexandrinus novi Testamenti Bibliothecæ Bodleianæ in Anglia. Der Codex ist dem Könige von Engelland von dem *Cyrillo* geschenkt worden. Man sagt, er sey von der heiligen Decla unter dem Diocletiano geschrieben. Man schließt aber aus einer angefügten Nachricht, daß er nur auf ihren Befehl geschrieben worden. Er ist ganz, und ist auch noch die Epistola Clementis, nebst dem Hymno Angelico, und andern, mit dabey. Die Schreibart ist aber nicht gar zu rein. Daher Richard *Simon* dafür halten wollen, der Codex wäre dem Schreiber in die Feder dictirt worden. Der Codex ist daher der allerbeste nicht. Casimirus *Utinus* hat ihn in Dissertationum triade sehr verachtet, welches aber Ernestus *Grave* nicht leiden wollen. *Mastricht* hat in den Prolegomenis ad novum Testamentum weitläuftig davon gehandelt. Man will 5.) behaupten, daß in dem Cabinet des Herzogs von Florenz das Original von dem Evangelio Johannis wäre. Der *Magliabecchi* sagt, es wäre auch mit Litteris uncialibus und goldenen und silbernen Buchstaben geschrieben. Einige behaupten auch 6.) aber mit Unrecht, daß das Evangelium Marci im Original noch in Italien vorhanden sey, da doch *Mabillon* beobachtet,

tet, daß es ein Codex latinus gewesen, ob er gleich so verdorben ist, daß man kein Wort verstehen können.

Von den Griechischen Codicibus manuscriptis ist das Psalterbuch am meisten abgeschrieben worden, wovon wir zu Paris, Florenz, Wien, München, viele finden. Unter den Patribus græcis sind des *Gregorii Nazianzeni* Schriften sehr oft abgeschrieben worden. Unter den Medicis ist der *Dioscorides* de Plantis am meisten abgeschrieben, wovon wir den ältesten Codicem zu Wien haben, welcher anno 595. geschrieben ist. *Montfaucon* in Palæographia græca und *Lambecius* geben Nachricht davon. Der *Busbequius* hat ihn anno 1500. von einem Juden für hundert Ducaten erhandelt, und dem Kayser geschencket. In der Augustiner Bibliotheck zu Florenz wird auch vom *Dioscoride* ein schöner Codex gezeiget, der dem Jano *Parrhasio* vor Zeiten gehöret hat. Der dritte davon ist zu Paris in der Königlichen Bibliotheck. Unter den Philosophis findet man am meisten die Codices *Platonis* abgeschrieben. Der Ordo Librorum trift aber in keinem mit dem andern überein. In der Vaticanischen Bibliotheck ist der beste. Es ist aber doch von einer neueren Hand etwas dabey

dabey geschrieben. Es ist zu bedauren, daß die Historici græci nicht so viel abgeschrieben sind, weil die meiste Abschreiber Geistliche waren. Die meiste davon sind Mutili. Die Poeten sind sorgfältiger abgeschrieben worden. Die Historici mögen auch wohl zu stark gewesen seyn, daß man sie also von verschiedenen hat abschreiben lassen.

Es gibt weniger alte lateinische Codices, als griechische. Die Abendländer, und besonders Italien, wurden zeitig durch die Barbaren verwüstet. Man bedenke nur die Verwüstung Roms unter dem Könige der Vandaler, Genserich. Die Heruler, die Ost-Gothen, die Longobarden, wüteten darin. Die lateinische Mönche waren theils zu träge, theils zu abergläubisch, heidnische Bücher abzuschreiben. Das Aufkommen der Buchdruckerey ruinirte die Codices völlig, da sie fast weggeworfen wurden, wie man dann mit denselben andere Bücher einband. Der Herr Professor Schwarz in Altorf, und auch ich, haben eine ganze Collection von solchen Bänden gesammlet, da wir fast von allen alten Auctoribus Stücke gehabt. Die Goldschläger haben auch das Ihrige zum Ruin der Codicum manuscriptorum mit beygetragen. Denn sie müssen die Ducaten auf altem Pergamente legen,

legen, und man kan bey ihnen immer das Pfund um zwey Thaler kauffen. Ich habe auf diese Art fast den ganzen *Terentium* gerettet. Das dünngeschlagene Pergament brauchen die Franciskaner auf ihrem zerpeitschtem Rücken. Der älteste Codex latinus ist der *Virgilius* Florentinus, der in der Bibliotheca Ecclesiæ sancti Laurentii zu Florenz, die auch vom Cosmo Medices gesammlet worden, und worin noch 3000. alte lateinische Manuscripta sich befinden, anzutreffen ist. Es hat ihn der Curtius Rufus Apronianus, ein Patricius und Consul zu Rom, im dritten Sæculo, gehabt, welches er selbst hinten eingeschrieben. Er ist in Membrana Litteris quadratis geschrieben. Aelter ist kein Codex anzutreffen. In der Vaticanischen Bibliothek sind auch zween uralte *Virgilii*. Einer ist mit Litteris quadratis geschrieben. Der andere aber ist jünger. Angelus *Politianus* hat darin geschrieben, daß er keinen älteren gesehen habe. In eben dieser Bibliotheck ist der *Terentius* in gros Quart, mit grosser Cursiv-Schrift, und gemahlten Maßken; wie auch der erste christliche Poet, *Prudentius*, mit Litteris uncialibus, anzutreffen. Unter allen sind aber die Pandeckten, die zu Amalphi gefunden worden, am berühmtesten. Der Kayser Lotharius wolte die Normänner bekriegen.

kriegen. Die Pisaner stunden ihm bey, und eroberten die Stadt Amalphi, da ein Soldat in einer alten Kiste zween Folianten von den Pandeckten gefunden, und mit sich nach Pisa genommen. Es ist aber nicht das Authenticum, das von den Compilatoribus geschrieben worden; welches viele Umstände zeigen. Als Pisa von Florenz anno 1406. erobert worden, so hat man sie nach Florenz auf das Rathhaus gebracht. Brenkmann ist über der Collation dieser Pandeckten gestorben, und unser Herr geheime Justiz-Rath *Gebauer* hat seine Manuscripta erhandelt. Unter allen Codicibus Ecclesiasticis sind die Opera des gelehrten lateinischen Kirchen-Lehrers, *Augustini*, am meisten abgeschrieben worden. *Petavius* hatte einen alten Codicem in Papyro Ægyptiaca, oder wenigstens Corticina, der in die Pariser Bibliotheck gekommen ist. Die wenigste Römische Manuscripta aber sind noch mit Römischer Schrift, sondern sie sind mit Gothischer oder Longobardischer oder anderer Schrift geschrieben. Den Manuscriptis werden die mit ihnen zusammengehaltene gedruckte Bücher gleichgeschätzt.

Von teutschen Codicibus manuscriptis findet man wenige. Der älteste sind des **Ottfrieds** Evangelia. Der einzige davon

davon übrige Codex ist in der Bibliotheca.... im Heßischen, aus der sie an den Bischoff zu Aichstädt, und von diesem an den Bischoff von Gotwich in Oesterreich, gegeben worden. In der Vaticanischen Bibliotheck wird ein Exemplar gewiesen, davon gesagt wird, es sey *Lutheri* Uebersetzung der Bibel, von seiner eigenen Hand geschrieben. Es stehet ein lächerlicher Vers dahinter, der *Luthero* ja nicht beyzulegen ist. Die Version selbst ist von Luthers seiner ganz verschieden. Das Gebet Manasse endiget sich auch darin sehr verschieden. Es ist dieses Exemplar mit der Heidelbergischen Bibliotheck nach Rom gekommen. Man gibt vor, daß in dem Closter St. Emmeran zu Regenspurg viele Manuscripta von alten teutschen Helden-Gedichten vorhanden wären. Es ist aber falsch, wie ich es selbst befunden, da ich mich sorgfältig darnach umgesehen.

Zuletzt müssen wir die Orientalische Codices Manuscriptos betrachten. Libros hebraicos Manuscriptos haben wir weiter keine, als Codices Bibliorum veteris Testamenti. Alle andere sind von neuerer Schrift. Man sagt zwar, daß in der Dominikaner Kirche zu Bononien ein von dem *Esra* selbst zusammengetragener Codex vete-

veteris Testamenti wäre. Allein *Montfaucon* und der pere *la Bat*, der selbst ein Dominikaner ist, zeigen, daß es nur die fünf Bücher Moses, und zwar vom vierzehenten Sæculo, sind. Sie sind auch nicht in volumine geschrieben. Sie werden aber doch als ein Heiligthum aufbehalten. In Teutschland treffen wir in der Ministerial-Bibliotheck zu Erfurt viele schöne Codices veteris Testamenti an. Die, die in Spanien geschrieben sind, sind besser als die, die in Italien zu Sonzino geschrieben sind. Die Spanische sind mit Quadraten und deutlichen Buchstaben geschrieben. In der Arabischen Sprache treffen wir sehr viele Codices an. Vide *Herbelots* Bibliotheca orientalis. In den Bibliothecken zu Leyden, und in der Bodleiana, treffen wir viele an. Die Araber haben alle Wissenschaften, besonders die Medicin, Historie, und Philosophie, excoliret. Aus den Arabischen Manuscriptis ist gewiß die Historie auch sehr zu ergänzen. In Syrischer Sprache haben wir nur einige Patres und Concilia, besonders des *Ephraim Syri*. Von Persischen alten Manuscriptis haben wir gar keine, von neueren nur wenige. Man hat auch einige Aethiopische Manuscripta. Vide *Ludolphi* Æthiopia. Sinesische Codices hat man auch. Sie sind aber gedruckt.

Die

Die gedruckte Bücher folgen nunmehro. Wir wollen dabey sehen 1) auf die erste Drucke; 2) auf grosse Opera; 3) auf Libros prohibitos, das sind solche, die die Religion, oder die Obrigkeit, oder die guten Sitten, angreifen; 4) auf Libros connexos in einer gewissen Wissenschaft; 5) auf Libros raros; 6) auf Libros Polygraphorum; und 7) auf Libros futiles.

Die ersten Drucke stehen billig oben an. Man muß sich um dieselbe, als die rarsten, sehr bekümmern, weil die Auflagen der ersten Bücher sehr klein waren, und kaum funfzig gedruckt wurden; und die älteste gedruckte Bücher von unverständigen Leuten erst nicht geachtet, auch nicht alle Drucke in fremde Länder ausgebreitet worden sind. Ist also ein Buch vor dem Jahr 1500. gedruckt, so ist es rar. Wir haben nun bey den zuerst gedruckten Büchern, theils auf die Rudimenta Artis Typographicæ, theils auf die Incunabula derselben, theils auch auf die Bücher selbst zu sehen. 1) Rudimenta Artis Typographicæ nenne ich die, die von ganz in Holz geschnittenen Platten abgedruckt worden, wie jetzo die Kattunen. Man druckte Litteris connexis. Laurentius *Kosterus* hat damit zu Haarlem Anno 1428. angefangen. Man hält das Speculum

lum humanæ Salvationis, und die Artem memorandi per Figuras Evangelistarum, für die rareſten Monumenta. Der Julius Cæſar *Scaliger* hatte das Horologium beatæ Mariæ Virginis, welches auf Pergament abgedruckt worden, und ſehr rar iſt. *Maittaire* in Annalibus typographicis Tom. I. pag. 13-17. ſagt, daß der Graf Pembrock in Engelland vier ſolche auf Pergamentene Tafeln abgedruckte Bücher gehabt habe. Das war aber nur eine Formſchneiderey; keineswegs aber eine Buchdruckerey, die mit abgeſonderten Buchſtaben geſchiehet. 2) Die Buchdruckerey iſt erſt in der Mitte des funfzehenten Sæculi Anno 1440. erfunden worden. Es meynen zwar einige, die Sineſer hätten ſie zuerſt erfunden, und von denen ſey ſie auf die Europäer gekommen. Allein, iſt man wohl damahls zu Schiffe nach Sina gegangen? Ich glaube nicht. Man hat in keinen Ländern, als in Teutſchland und Holland, ſich um die Buchdruckerey zuerſt bekümmert. Nur komt es darauf an, in welchem von dieſen beyden Landen dieſe Kunſt ſey erfunden worden. Die Holländer eignen die Erfindung ihrem Laurentio *Koſtero* zu. Ich habe aber ſchon angemerkt, daß dieſer ein bloſſer Formſchneider geweſen. Er druckte nur ſeine Form auf einer Seite ab, und klebte die

die Blätter zusammen. Wir müssen also vielmehr sagen, daß die Buchdruckerkunst in Teutschland sey erfunden worden. In Teutschland selbst hat man sich über den eigentlichen Ort der Erfindung gestritten. Einige sagen, sie sey zu Strasburg; andere, zu Maynz, erfunden worden. Vor Strasburg hat *Schilter*, wie auch *Speklin* in seiner Strasburgischen Chronick gestritten. Sie können aber kein anderes Buch aufzeigen, als von anno 1444. eine Bibel, in welcher nichts von der Erfindung stehet. *Trithemius* hingegen rettet die Ehre vor Maynz, und er hat recht. Man findet zwar den Namen des Erfinders in alten Monumentis nicht. Man meynet aber, und zwar mit Grunde, daß er Johann Sorgeloch von Gänsefleisch und Guttenberg geheissen habe. Hieraus haben einige drey Männer gemacht. Allein es ist ja noch heut zu Tage bey einigen Mode, drey Namen zu führen. Sorgeloch war sein Name; im Gänsefleisch war sein Haus betittelt; und Guttenberg hieß sein Gut. Er war aus einer würklichen Ritterlichen Familie. Vide *Humbrachts* Ehre vom teutschen Adel. Die Gelegenheit zur Erfindung ist diese gewesen. Man machte die Briefe vor Zeiten mit rohem Wachse zu; nicht immer mit rothem, welches schon für Vornehmere war. Ueber

das

das Wachs legte man Papier, und setzte ein Pettschaft darauf. Wolte man nun das Pettschaft recht abdrucken, so machte man das Lack naß, und hielt das Pettschaft über das Licht, da blieb, wenn es abgedruckt wurde, der Grund weiß, und die Figur schwarz. Dieses verleitete unsern Guttenberg, ganze Wörter so schneiden zu lassen, dieselben schwarz zu machen und abzudrucken. Er ließ hernach einzelne hölzerne Buchstaben schneiden, und druckte Bücher mit sehr stumpfen und unebenen Buchstaben. Er überlegte es nachher mit seinem Nachbarn, Johann Faust, einem Goldschmiede, Buchstaben von Bley und Kupfer giesen zu lassen. Ich wundere mich über den Locum Ciceronis de Natura Deorum, da er sagt, die Welt sey nicht aus Atomis entstanden, und spricht zu dem Ende: Sume æneas Litterales, & conjice eas in Chartam, & vide an una ita oriatur Vox; daß man nicht auf die Gedancken gerathen, die Buchstaben von Erz giesen und abdrucken zu lassen; da man doch den Alten sonst so viele nutzbare und geschickte Erfindungen zu dancken hat. 3) Nun müssen wir auch von den zuerst gedruckten Büchern selbst reden. (a) Das erste Buch, welches zu Maynz von Guttenberg gedruckt worden, ist nach der alten Cöllnischen Chronick,

nick, und nach *Trithemii* glaubwürdigen Zeugniſſe, das groſſe Vocabularium Joannis *a Janua* latinum. Es iſt dabey weder Jahr, noch Name, noch Ort, angezeiget. Es wird in der Bibliotheca ſanctæ Genevæ zu Paris aufgezeiget. Dieſes ſcheinet der Wahrheit zwar nicht gar zu gemäß, daß ſich Guttenberg mit ſeiner Kunſt an ein ſo groſſes Werk gleich gewaget; allein, er hat dadurch alle in Verwunderung ſetzen wollen, wie es viele groſſe Männer bezeugen. Das Buch ſoll dickes Papier, keine groſſe Anfangs = Buchſtaben, keine Interpunctiones, keine Cuſtodes, haben. (b) Die lateiniſche Bibel in zween groſſen Folianten, die Guttenberg anno 1450. mit einzelnen gegoſſenen Buchſtaben gedruckt hat. Ehe noch zwölf Bogen abgedruckt waren, hatte das Buch ſchon 12000. Gulden gekoſtet. Fauſt ſahe, daß dabey was zu gewinnen war, und verſchafte dem Guttenberg Geld. Wie ſie aber im beſten Drucke waren, verlangte Fauſt ſein Geld wieder; und, wie ihn Guttenberg nicht bezahlen konte, ſo nahm er ihm alles Zeug weg, vollendete aber den Druck der Bibel anno 1462. Ich habe das Inſtrument des Notarii über dieſe Streitigkeiten ſelbſt aufgetrieben, und auf die hieſige Bibliotheck geſchencket. Fauſt gab mit ſeinem Gehülfen Peter Scheffer,

die

die Bibel anno 1462. heraus. Dieses Exemplar ist das erste Buch, da eine Jahrzahl darauf stehet. Man trift es in der Bibliotheck zu Franckfurt am Mayn, und zu Cassel, an. Die andern haben die Engelländer erhandelt. Das Final ist mit rothen Buchstaben, und dem Wapen des Guttenbergs und Scheffers. Der Chur-Fürst Lotharius Franciscus zu Maynz wolte zu Geybach eine Bibliotheck anlegen, und war darauf bedacht, die ersten zu Maynz gedruckten Bücher dahin zu schaffen. Er erfuhr, daß sie zu Ebdorf im Stifte Eichstädt wären. Er schickte einen Hofrath dahin, der es ihnen mit List abschwatzte. Doch schenckte ihnen der Chur-Fürst die Bibliothecam maximam Patrum, die Tomos Conciliorum omnium, die Acta Sanctorum, ein von Maßiv-Silber gegossenes Crucifix, und sechs Leuchter, und zwey Fuder Bacheracher Wein, der sehr kostbar ist. (c) Ein Psalterium aus der Bibel, das von Faust und Scheffer anno 1457. herausgegeben worden. Es ist aus dem Bibel-Drucke genommen, und daher heißt es das dritte, ob es gleich der Zeit nach eher herausgekommen. Man gab es, als einen Prodromum der Bibel heraus, und es gehörete da hinein. Es war gleichsam nur eine Probe. (d) *De Janua* rationale divinovinorum Officiorum. (e) Conſtitutiones Clementinæ. 1460. (f) Joannis Baldi *de Janua* catholicum. (g) Decretales. (h) Ciceronis Officia & Paradoxa. 1465. welches das letzte Buch von Fauſt und Scheffer iſt. Nachher breitete ſich die Druckerey auch in Italien allenthalben aus. Bey alten Büchern haben wir noch das zu bemerken, daß ſie nur ganz kleine Anfangs-Buchſtaben haben, die hernach ausgemahlet werden ſolten. Sie ſind auch entweder auf Pergament, oder dickes Papier gedruckt. Die Pergamentene ſind koſtbar, ſie haben keine Cuſtodes, und ſind auch nicht paginiret. Ein ſolcher Druck dienet freylich inſtar Codicis Manuſcripti, da ſie von Manuſcriptis abgedruckt ſind.

Koſtbare groſſe *Opera* treffen wir in alten Wiſſenſchaften an. Theologiſche groſſe Werke ſind zuerſt die Codices bibliorum Polyglottorum, davon die älteſte die Biblia Complutenſia ſind, die anno 1516. gedruckt worden. Weil dieſes der erſte Druck vieler Orientaliſchen Sprachen iſt, ſo ſiehet er nicht gar zu ſchön aus. Aldus *Manutius* hat davon ſein neues Teſtament abgedruckt. Man findet dieſe Biblia Complutenſia in der Bibliotheck zu Hannover. Hernach gab der le Choix zu Paris anno 1541.

1541. die Bibel in Arabischer und vielen anderen Sprachen heraus. Vorher hat zwar der berühmte Plantinius die Biblia Antwerpiensia in sechs Folianten schöner, aber nicht so vollständig, heraus gegeben, wozu der König von Spanien 50000. Ducaten geschenket; der Uebersetzer, *Montanus*, gerieth aber darüber in die Inquisition, weil er von der Vulgata abgegangen war. Die letzte Biblia Polyglotta sind des Priami Waldoni zu Londen 1666. in sieben Folianten. Ferner hat man auf die Bibliothecam Patrum, oder auf die Collection der kleinen Schriften der Patrum zu sehen, die der Magerius *de la Ligne* an. 1589. zu Paris in sieben Folianten heraus gegeben. Nachher kam zu Paris anno 1654. in siebenzehen Folianten Bibliotheca magna Patrum heraus. Endlich ist anno 1677. zu Lyon die Bibliotheca maxima Patrum in 27. Folianten heraus gekommen. Die Collectiones Conciliorum sind auch sehr stark und merkwürdig, besonders die Collectio Conciliorum maxima, die zu Paris anno 1644. in 37. Folianten heraus gekommen, und nachher auch in 18. Folianten heraus gegeben worden. Zuletzt hat der berühmte Jesuit, *Hardouin*, eine Collection unternommen, viele Sachen heraus geworfen, und nur 12. Folianten gemacht; seine Edition ſton iſt aber nicht ſehr correct, und mit einem gar zu kleinen Drucke. Anno 1733. hat *Colletus* eine neue Auflage der Collectionis Conciliorum zu Venedig in 21. Folianten heraus gegeben; die jetzt anfängt rar zu werden. Diesem iſt das Bullarium Lærtii *Genuini* und Angeli *Genuini* an die Seite zu ſetzen, darin alle päbſtliche Bullen ſind. Die neueſte Edition iſt in 14. Folianten zu Luxemburg von 1723. bis 1740. heraus gekommen. Unter den juriſtiſchen groſſen Werken ſtehet billig das berühmte Buch oben an, welches unter zween Titeln heraus gekommen, dem einen: Tractatus Tractatuum, und dem andern: Oceanus Juris. Es beſtehet aus 27. Folianten von Gloſſatoribus und Commentatorius, die der *Cilletus* nach der Ordnung der Pandeckten colligiret hat. Repetitiones Juris civilis & Juris canonici ſind zu Lyon auch in 27. Folianten heraus gekommen. Libri Baſilicorum *Fabrotti* in 7. Folianten. Unter den Corporibus Juris gloſſatis iſt das Lyoniſche mit dem Bienenſchwarm das beſte. Unter den mediciniſchen Büchern machen *Hippocratis* und *Galeni* zuſammen gedruckte Opera, die der *Du Val* in 12. Folianten heraus gegeben hat, ein groſſes Aufſehen. Der Hortus Malabaricus macht 12. Folianten aus, und enthält

hält alle Ost-Indische Kräuter mit ihren Benennungen in sich. Unter den historischen Büchern ist das Corpus Historiæ Byzantinæ, welches von anno 1648. bis 1711. zu Paris in 31. Folianten heraus gekommen, das Vornehmste; es ist zu Venedig in 23. Folianten nachgedruckt, aber unvollkommen und fehlerhaft, auch mit kleinerem Drucke, daher die Parisische Edition den Vorzug behält. Die Acta Sanctorum Patrum Antwerpiensia hat *Bollandus* anno 1643. angefangen, *Solerius*, *Cuperius*, und andere Jesuiten, haben sie fortgesetzt; das Werck ist nach der Calender-Ordnung eingerichtet; es ist ein eigenes Gymnasium deswegen angelegt worden, darin junge Leute zu Verfertigung desselben erzogen werden; der Februarius davon ist meist im Brande aufgegangen; es sind zusammen 40. Folianten. *Grævius* hat anno 1704. angefangen die Scriptores Antiquitatum Italiæ heraus zugeben, welche Sammlung *Burmann* in 10. Folianten fortgesetzt hat. *Muratorii* Scriptores Rerum Italicarum Medii ævi, worin er uns unter andern auch den *Mussætum* wieder gegeben hat, bestehen aus 24. Folianten; und seine Antiquitates Italiæ mediæ Ætatis, welches auch ein admirables Werck ist, aus 6. Folianten. Ferner gehöret hieher

her das vortrefliche Werk: Fœdera, Conventiones, Litteræ, ac cujuscunque Generis Acta publica, inter Reges Angliæ, &c. adcurante Thoma *Rymer*, Londen 1704. - 1717. 17. Folianten; der berühmte Buchhändler im Haag, Neome, hat es anno 1738. in 10. Tomis wieder drucken laſſen; die Londenſche Edition iſt auf der hieſigen Bibliotheck, und iſt die beſte. Des Petri *Petruſii* Numismata Imperatorum Romanorum Argentea & Aurea, die in dem Münzcabinet des Herzogs von Parma geweſen, in 9. Tomis, iſt ein ſehr berühmtes Werk, welches nicht in die Buchläden gekommen, ſondern nur verſchenckt worden; die Vignetten enthalten die neueſten Münzen der Herzoge von Parma.

Libri prohibiti ſind in den Bibliothecken gemeiniglich auf die Seite geſtellet. Wir haben dreyerley Arten davon. Einige ſind deswegen verbotten, weil ſie die Religion angreifen, andere, weil ſie den Statum civilem turbiren können; und noch andere, weil ſie die bonos Mores corrumpiren können. Die Papiſten ſtellen ſeit dem Concilio Tridentino zu Rom eine Cenſur der Bücher an. Vide *Franzii* Diſſertatio de Indicibus papiſtarum Librorum prohibitorum.

torum. *Baillet* dans les jugemens des ſavans Tom. I. Zu Ingolſtadt hat man eine Defenſion für die Indices Librorum prohibitorum. Darin ſind drey Claſſen: Libri prohibiti ſind die, die niemand ohne Erlaubnis leſen darf; Libri expurgandi, darin einige Stellen ausgeſtrichen werden müſſen; und Libri plane abolendi, die gar verbrannt werden müſſen. Sie ſtehen auch in catholiſchen Bibliothecken entweder in beſondern Zimmern, oder in verſchloſſenen mit einem Gitter verwahrten Borten. In dem *Auguſtino*, der in 20. Folianten heraus gekommen, ſtehet auf dem Titel: Omnia fideliter ſunt expuncta, quæ poſſent Fidelium mentes corrumpere. In Teutſchland wird es aber ſo ſcharf nicht gehalten, und darf das Corpus Receſſuum Imperii nun auch von den Catholicken nicht mehr unter die Libros prohibitos referiret werden, obgleich der Augſpurgiſche Religions-Friede und andere ihnen nicht gefällige Conſtitutiones darin ſind, weswegen ſie vormahls die Freyheit hatten, es dahin zu referiren. Man behält in Bibliothecken die Libros prohibitos, ſo wie in den Apothecken die ſtärkſten Gifte, zu einem guten Gebrauch auf. Man hat nach den heiteren Zeiten der Reformation wahrgenommen, daß auch die ärgſte und verderblichſte Bücher

cher gewisser maßen Nutzen schaffen können. Wir müssen nun 1) einige derselben nennen, die die Religion angreifen. Dahin gehören: Julii Cæsaris *Vanini*, der zu Toulouse anno 1619. verbrannt worden, Amphitheatrum Providentiæ divinæ, Lyon 1615. *Idem* de admirandis naturæ Reginæ omnium Rerum arcanis, Paris 1616. Michaelis *Serveti*, eines Spanischen Medici, den der *Calvinus* zu Geneve anno 1553. verbrennen ließ, und dessen Geschichte der Herr Canzler von *Mosheim* sehr gründlich ausgeführet hat, Libri septem de Trinitatis Erroribus; ein schändlicher und gewinnsüchtiger Lutherischer Prediger in Regenspurg, der bekannte Superintendent *Serpilius*, hat dieses schändliche Buch wieder nachdrucken lassen, und theuer verkauft. Petri *Pomponatii*, eines Mantuaners, der anno 1525. gestorben, Buch de naturalibus Effectuum Caussis seu de Incantationibus seu de Abstrusiori Philosophia, Basel 1653. darin die Miracula Christi schändlich erniedriget sind; sein Epitaphium hat er sich selbst aufgesetzt: Hic sepultus jaceo, cur nescio &c. Jordani *Bruni* Libros, de Caussa & Principio universali, und de Mundis Innumerabilibus will man entschuldigen; allein im Spukio de la Bestia triumphante hat er die Grundlehren der christli=

christlichen Religion über den Haufen geworfen; er ist anno 1600. zu Rom verbrannt worden. Das rareste ist des Guilielmi *Postelli* la mere Jeanne; er war Professor Linguarum orientalium zu Paris anno 1664. und wurde nach dem Orient geschickt, um schöne Orientalische Bücher anzuschaffen; er sprach zu Venedig eine Nonne im Sprachzimmer, und verliebte sich in dieselbe, und zwar so stark, daß er behauptete, Christus sey nur ein Erlöser des männlichen Geschlechts, die Mutter Johanna aber des weiblichen Geschlechts Erlöserin; er wurde deswegen als unsinnig in ein Dominicaner-Closter gesteckt. Joannis *Bodini* Colloquium, darin er sieben Religionen angreift, ist auf der hiesigen Bibliotheck. Alle schändliche die Religion angreifende Bücher sind von den Italiänern, Spaniern, und Engelländer, geschrieben, welches gewiß zu verwundern ist. 2) Unter die Libros politicos prohibitos gehören folgende: Joannis *Marianæ* Liber de Rege & Regis Institutione, davon die erste Edition, die zu Toledo anno 1596. heraus gekommen, die rareste ist; die Franckfurter Edition ist sehr gelindert: Conf. *Bayle* im Dictionaire, sub Voce: Mariana. Vor Zeiten rechnete man auch hieher, und in Oesterreich thut man es noch heut zu Tage,
des

des *Hippolyti a Lapide*, oder eigentlich Bogislai Philippi von Chemnitz, Buch de Ratione Status; er verachtete darin das Oesterreichische Haus wegen des dreyßigjährigen Kriegs, und besonders Ferdinandum II; es ist aber doch sehr viel gutes darin. Die Schriften für die Wiedertäufer gehören auch hieher; doch sind heut zu Tage die Wiedertäufer gelinder, und greifen die Obrigkeit nicht mehr an. Ferner alle Monarchomachi, e. g. Stephani Junii *Bruti* Vindiciæ contra Tyrannos. *Machiavelli* und *Hobbesii* Schriften gehören nicht hieher, weil sie nicht den ganzen Staat angreifen; jener schildert die Tyrannos Italiæ, und dieser die Tyrannos Angliæ. Wir kommen nun 3) auf die Bücher, die deswegen verbotten sind, weil sie die guten Sitten verderben können. Man nennet sie Libros Sodaticos, von einem heßlichen Italiänischen Poeten *Sodate*, dessen schon *Quinotilianus* gedencket. Es gehören hicher: Petri *Aretini* Rationamenti. Hadriani *Beverlandi* Peccatum originale. Aloysia Sygæa. Conf. *Morhoff* in Polyhistore Lib. 1. Cap. 8. *Struvius* in Introductione in Rem litterariam Cap. 9. *Uffenbach* in Catalogo Bibliothecæ, der auch die Preise mit angesetzt hat.

D *Libros*

Libros connexos nennet man, wenn alle Bücher von einer besonderen Wissenschaft in einer Bibliotheck beysammen sind, so, daß keines fehlet. In der theologischen Facultät haben die Patres Benedictini ex Congregatione S. Mauri in Spanien sich erstaunende Mühe gegeben, die Patres ecclesiasticos heraus zugeben, und wohl zu erläutern. Wenn nun in einer berühmten Bibliotheck nur eins davon fehlet, so ist die Bibliotheck in diesem Stücke noch nicht vollkommen. In *Jure* muß heut zu Tage, da die Humanität so hoch gestiegen, daß man die Leges nicht mehr ex Glossis, sondern ex Antiquitatibus & Linguis, erkläret, die ganze Sammlung von Humanisten, *Alciato, Brissonio, Cujacio,* &c. da seyn. In der Medicin müssen auch viele griechische Medicis, als die Fontes, da seyn; ferner die Historia naturalis muß complet da seyn, und besonders *Aldrovandi* Theatrum metallicum. In den *Humanioribus* müssen alle alte Scriptores vom *Homero* an da seyn, und, wenn die Bibliotheck pretiös seyn soll, so müssen die Editiones in Usum Delphini vorhanden seyn. In der Historie müssen alte Corpora Historicorum omnium Gentium da seyn, davon die Engelländische Sammlungen sehr kostbar sind.

Unter

Unter raren Büchern verstehen wir hier nicht solche, die etwa in ein und andern Orte nicht mehr zu bekommen sind, sondern solche, die überhaupt in allen Landen selten anzutreffen sind. Von den Ursachen der Rarität der Bücher lese man *Weidleri* Dissertatio de Caussis raritatis Librorum. 1) Die Bücher, die von vornehmen Herren geschrieben sind, werden für rar gehalten, weil sie wenige Exemplaria davon drucken lassen. Der König in Frankreich Ludovicus XIIII. hat ein Stück des ersten Buchs aus dem Julio *Cæsare* de Bello gallico in seiner Jugend übersetzt, oder vielmehr sein Præceptor, welches sehr kostbar gedruckt, aber selten zu finden ist. In Teutschland hat der Herzog August zu Braunschweig-Wolfenbüttel unter dem Namen Gustavi *Seleni* zwey Bücher heraus gegeben: ein Buch vom Schachspiel, anno 1616. und eine Cryptographie, oder die Kunst, verborgen zu schreiben, Lüneburg 1624. Fol. die sehr rar sind. Sein jüngster Sohn, Ferdinand Albrecht, der Stifter des jetzigen Wolfenbüttelschen Hauses, war sehr gelehrt; er hatte aber das Unglück, wegen seines verdrießlichen Humeurs immer vexiret zu werden; er trat in die fruchtbringende Gesellschaft, und bekam darin den Namen des Wunderlichen; er hatte zu Bevern

Bevern eine eigene Buchdruckerey; aber seine Verwandte haben seine Bücher nicht in die Welt kommen lassen wollen, weil sie sehr poßierlich waren; und doch habe ich das rareste davon erhascht, welches von seinen Reisen handelt, und folgenden Titel hat: Wunderliche Begebenheiten in der wunderlichen Welt, durch den Wunderlichen in der fruchtbringenden Gesellschaft aus eigener Erfahrung wunderlich erfahren, und wunderlich heraus gegeben, 1678. 4to. Man hat freylich auch gemeinere Bücher grosser Herren. E. g. Herzogs Anton Ulrichs, eines Bruders des vorigen, Aramena und Octavi. Der Graf *Khevenhüller*, der dreyer Kayser Geheimerrath und Ritter des güldenen Vlieses, auch Kayserlicher Ambassadeur gewesen, schrieb Kaysers Ferdinandi II. Leben; diese Annales Ferdinandei wurden in zehen Folianten, theils zu Regenspurg, theils zu Wien, gedruckt, aber nur 50. Exemplaria, von denen der König von Pohlen nachher eins für 1000. Rthlr. bezahlte; hernach gaben seine Anverwandte das Manuscript des eilften und zwölften Theils noch dazu, und liessen es in zwölf Folianten drucken, die alle sehr richtig und schön, und jetzt sehr wohl zu haben sind. 2) Viele Bücher sind Auctoritate publica unterdruckt, und deswegen

rar

rar worden. Unter Kayser Carolo VI. gab der berühmte Pater *Petz* zu Nürnberg 1731. 8vo: Revelationes venerabilis Agnetis Blumbeckin & Vitam, Auctore anonymo, heraus; dabey verschiedene andere Dinge angefüget sind; im 38. und 39. Capitel stehet: Ea aliquando scire desideravit cum lacrymis & mœrore, ubinam esset præputium Christi, ut millies illud exoscularetur & saperet & digitis servaret; und an einem anderen Orte stehet, daß eine verhurte Aebtißin zween Engel zu Wehemüttern gehabt; daher von Wien aus ein Befehl an den Buchdrucker kam, daß er sogleich alle Exemplaria dahin schaffen solte, die dann in dem Jesuiter-Collegio heimlich verbrannt wurden; der Kayserliche Leib-Medicus entdeckte es; dieses Buch ist also erschrecklich rar. Francisci de *Bossier* Stemma Ducum Lotharingiæ & Berry ist auch eines der rarsten Bücher; es kam anno 1580. zu Paris heraus; der König Henricus ließ es verbrennen, weil *Bossier* darin behauptete, das Lothringische Haus wäre vom Carolingischen Hause entsprossen, und der Capetingische Stamm hätte dem Lothringischen das Königreich Frankreich entrissen; dadurch er ein Kriegsfeuer zwischen Frankreich und Lothringen anzünden wolte. Joannis

nis Georgii *Korbii* Diarium Itineris in Moscoviam Ignatii de Garnier, Legati Cæsaris Leopoldi, kam zu Wien anno 1689. heraus; der Rußische Kayser Petrus I. wolte auf seiner ersten Reise von Wien aus nach Maltha gehen, um den Schiffbau zu erlernen; er muste aber bald, wegen einer entstandenen Empörung, in sein Land zurück eilen; daher schickte ihm der Kayser Leopold den Garnier nach, der verschiedene Angelegenheiten mit ihm abmachen solte; in dieser Reisebeschreibung sind nun auch die erschreckliche Exsequutiones, die der Rußische Kayser über die Aufrührer ergehen lassen, mit beschrieben, mit beygedruckten Kupfern; daher nahm der Kayser die Ausgabe dieses Buchs so ungnädig, daß alle Exemplaria verbrannt werden musten. Das sehr rare Pontificium Arelatense des Petri *Saxii* ist auf der hiesigen Bibliotheck; es ist zu Aix en Provence anno 1600. in klein Folio heraus gekommen; der Auctor hat darin den alten Nexum des Römischen und Arelatischen Reichs gezeiget; deswegen ließ es der König von Frankreich gleich confisciren; *Mencke* hat es aber in Tomo primo scriptorum Rerum germanicarum wieder drucken lassen. 3) Wegen gräßlicher Druckfehler sind auch einige Bücher unterdruckt, und dadurch rar worden.

worden. *Erasmi* Roterodami Vidua Christiana ad Mariam Reginam Hungariæ, Basel 1529. 8vo; in der Vorrede hat der Buchdrucker bey den Worten, mente illa semper esse, quæ talem Feminam deceret, aus mente illa, Mentula gemacht; daher diese Ausgabe unterdruckt worden. *Muretus* hat einen Hymnum auf die Vermählung der Herzogin von Florenz gemacht, da hat der Buchdrucker bey den Worten, quis unquam vidit tales Nuptias, den kurzweilichen Fehler begangen, und gesetzt: tales ineptias. 4) Einige Bücher sind deswegen rar geworden, weil sie nicht völlig haben dörfen abgedruckt werden. Zu Dresden fiengen die Cryptocalvinisten anno 1589. eine Bibel mit Glossen heraus zugeben an; das Werk ward aber confisciret, so daß es nur bis auf die Bücher der Könige gedruckt ist; dieses Stück findet man nur zu Dresden, Leipzig und Gotha. Der gelehrte Herzog August zu Wolfenbüttel ließ eine neue Uebersetzung der Bibel durch *Sabaudium* machen; er ließ sich aber durch den Lerm der Wittenbergischen Theologen daran verhindern, so daß es nur bis auf das 17te Capitel des Buchs Samuel gedruckt worden. Des Friderici *Hortleders* Ursachen des Krieges Caroli V. gegen die Schmalkaldische Bundsgenossen, in zween Folianten, sind bekannt; als er am dritten war, so wolten die Herzoge von Wolfenbüttel, daß die Unruhen, die Herzog Heinrich von Wolfenbüttel erregt hatte, nicht solten bekannt gemacht werden; der Herzog von Sachsen-Gotha muste auch bey seinem Bruder, dem Herzogen von Waymar, ausmachen, daß sein geheimer Secretarius *Hortleder* die Feder niederlegen solte; der Herzog Ernst von Gotha wurde aber so eifrig, daß er den *Hortleder* selbst zur Rede stellete, und aus heftigem Zorn ihn mit seinem grossen Stockknopfe zu Tode stieß. Ludovicus XIIII. hat seine Lebensgeschichte in Medailles bringen, dieselbe abdrucken und beschreiben lassen. Der König von Preussen Fridericus I. wolte ihm darin nachahmen; ihm wurde dazu der grosse und geschickte *Cramer* recommandiret; das Werk ward aber zu kostbar, daß also nur 14. Blätter davon gedruckt worden. 5) Einige Bücher sind deswegen rar, weil der Brand die meisten Exemplaria davon verzehret hat. Hiehin gehöret Joannis *Blaew* Atlas magnus, er war ein Kupferstecher zu Amsterdam, sein ganzes Haus und Officin mit der Sammlung von Landcharten brannten auf; daher dieser Atlas sehr rar ist. Hieronymi *Henniges* Theatrum genealogicum in 4. Tomis 1598. Fol. ist zu Magdeburg

deburg in der Belagerung fast ganz im Feuer aufgegangen, doch ist es auf der hiesigen Bibliotheck complet anzutreffen. Olai *Rudbekii.* Joannis *Hevelii* Machina coelestis, 1671. Dieser grosse Astronomus hatte eine schöne Kupferstecherey zu Danzig anlegen lassen, die aber im Brande aufgieng, daher von diesem Buche nur zwey Exemplaria gerettet worden, und 20. hatten die Buchführer schon; der König von Frankreich Ludovicus XIIII. gab ihm aber eine Pension durch den Colbert. Joannis *Heoding* traité des medailles 1598. Conf. Essai de l'Histoire de Litterature. 6) Einige Bücher sind deswegen rar geworden, weil sie an verschiedenen Orten gedruckt sind. Das Diarium Europæum ist Jahrsweise an verschiedenen Orten heraus gekommen. Bogislai Philippi von Chemnitz, eines Geheimenraths des Canzlers Oxenstirn, Kriege des Königs von Schweden in Teutschland, sind eben deswegen rar geworden, weil ein Theil davon in Stockholm, und der andere in Teutschland gedruckt ist. Nicolai *Schattenii* Annales Paderbornenses; er gab erst Historiam Westphaliæ heraus, und darauf folgte dieses Buch; die Historiam Westphaliæ kan man fast gar nicht haben. Von des berühmten Italiäners Victorini *Siri* Memorie recondite

dite dall' anno 1601. sino all' anno 1640. ist der erste Band zu Lyon, der dritte und vierte zu Paris, der fünfte sechste und siebente wieder zu Lyon, und so immer fort, heraus gekommen. Darauf schrieb *Siri* den Mercurio historico del currenti Tempi, der an sechs verschiedenen Orten gedruckt worden; er ist complet in der Bibliotheck des General Flemmings zu Dresden. 7) Einige Bücher sind aus der Ursach rar, weil sie niemahls bekannt gemacht worden sind. Unter den theologischen ist des Joannis *Wiclefii* Dialogorum Libri quatuor, 1525. 4to. das einzige Buch von diesem Feinde des Pabstes, das gedruckt worden. Hippolyti *Salviani* aquatilium Animalium Historiæ, Romæ 1528. Fol. darin ein jeder Fisch schön in Kupfer gestochen ist, und alle Namen derselben aus den alten Auctoribus dabey stehen. Joannis *Wasserburgii* antiquités de la Gaule Belgique, Paris, 1549. ist eins von den ältesten Büchern, die zur Lutherischen Historie gehören. Nicolai *Vinnierii* chronicon Burgundicum. *Libanii* Opera ex Editione Morellii. Dionis *Chrysostomi* Orationes ex Editione Morellii. Die Deductiones oder Streit-Schriften in Angelegenheiten hoher und vornehmen Personen gehören auch hieher. Conf. *Lünigs* Bibliotheca Deductionum.

Eine

Eine der rareſten iſt die bekannte Deduction, die, als Herzog Heinrich der Jüngere zu Wolfenbüttel, ein Feind der evangeliſchen Religion, die Stadt Goslar unterdrucken wolte, und gegen den Herzog Johann Friderich ein heßliches Buch ſchrieb, gegen daſſelbe von Herzogen Johann Friderich in gar abſcheulich harten Terminis geſchrieben worden; Luther ſchrieb auch gegen den Herzog Heinrich zu ſeiner Verantwortung den bekannten Hanßwurſt, der aber in *Lutheri* Operibus ſehr gereinigt ſtehet. Nicolai *Cilleſii* Defenſio Abbattiæ ſancti Maximini imperalis iſt klein, aber ſehr rar, und iſt gegen den Chur-Fürſten von Trier geſchrieben; ſie ſtehet auf der hieſigen Bibliotheck. Cornelii Duplicii *Scepperi* Apologia, Chriſtierni II. Regis Daniæ in Belgium profugi; *Scepper* war ſein Canzler, und defendirte ſeinen Herrn ſehr ſchön; in Dännemark bemühete man ſich äuſerſt, dieſes Buch auszurotten. 8) Es gehören hieher auch diejenige Bücher, deren andere Editiones ſehr geändert ſind. In des Bartholomæi *de Piſis* Libro conformitatum Vitæ ſancti Francisci cum Vita Jeſu Chriſti, Bononien 1590. wird Fol. 72. erzehlet, Franciscus hätte einsmahls im Kelche eine Spinne gefunden, er hätte darauf die Spinne mit dem heiligen Blute hinein

ein getruncken, und hernach sey die Spinne wieder aus dem Beine heraus gesprungen; *Bayle* sagt, dem heiligen Francisco hätte keine Begebenheit mehr geschadet, als dieses Buch, man trift es auch auf der hiesigen Bibliotheck an; die Franciscaner sind hernach auch sehr damit aufgezogen worden, es gründete sich aber dieses Buch auf die ärgerliche Inscription in den Franciscaner-Clöstern: Deo Homini & sancto Francisco utrique cruciato. Die erste Edition von des *Platinæ* vitis Pontificum, die zu Nürnberg anno 1481. gedruckt worden, ist auch sehr rar, weil die Päbste darin sehr durchgezogen worden. Christiani *Truttmanni* Expositio Grammatica in Mathæum, Lucam & Joannem, die zuerst zu Strasburg anno 1514. heraus kam, ist auch in andern Editionen sehr geändert worden. Von des Petri Arlensis de *Scadalupis* Sympathia septem metallorum & selectiorum Lapidum ad Planetas ist die Parisische Edition von anno 1614. nicht castriret. Von des Leonis *van Aitzema* Saaken van Staat en Oorlogh ist die erste Edition, die zu Leyden anno 1652. in 16. Quartbänden heraus gekommen, sehr rar, und sind viele Niederländische Geheimnisse darin; die castrirte Edition ist von den Generalstaaten veranstaltet, und in sechs Folianten fianten in S. Gravenhage anno 1669= 1672. gedruckt worden. 9) Ferner werden diejenige Bücher rar, davon wenige Exemplaria gedruckt worden, welches theils propter Impensas, theils propter Ambitionem geschehen. Hieher gehöret: le Mascurat, davon die erste Edition zu Paris anno 1649. die andere 1654. heraus gekommen, sie sind beyde auf der hiesigen Bibliotheck, es ist eine Apologie des Cardinals Mazarin, beyde Editionen sind unentberlich wegen der Zusätze, und überhaupt ist das Buch sehr nützlich in der Historie. Pasquillorum Tomi duo, Eleutheropoli, 1594. der Auctor davon ist Cœlius secundus *Curio*. Simonis *Okolsky* orbis Poloniæ, der zu Crakau heraus gekommen, handelt von Pohlnischen Edelleuten, er ist auf der hiesigen Bibliotheck. Endlich 10) gehören auch die mit zu den raren Büchern, die in fremden Sprachen sind gedruckt worden, z. E. in Virginischer, Ceylonischer, auch in Rußischer Sprache, da in Rußland lange nur eine Buchdruckerey zu Kiow gewesen, daher die Rußische Bibel, die auf der hiesigen Bibliotheck ist, sehr rar ist, auch die Bibel, die der Zaar Peter in Holland drucken lassen, ist rar, weil die meisten Exemplaria davon im Schiffbruch verlohren gegangen. Die Englische Societas de propa-

propaganda Religione Christiana hat viele Bücher in Virginischer Sprache drucken lassen, und dieselbe nach Virginien geschickt. Die Ungarische Bücher, ob sie gleich lateinische Buchstaben haben, und also leicht gedruckt werden könten, sind doch sehr rar. Orientalische sind nicht so rar, und alle zu Rom bey der Congregatione de propaganda Fide zu sehen.

Unter den *Libris Polygraphorum*, die gleichsam Helluones Librorum gewesen, stehen *Alberti Magni* Schriften billig oben an, die in der Lyonschen Edition in kleiner Schrift 21. Folianten ausmachen. *Thomæ Aquinatis* Schriften machen in der Parisischen Edition von anno 1633. 24. Folianten aus. Alphonsi *Tostati* Schriften, Paris 1637. bestehen in 28. Folianten, da er doch nur 40. Jahr alt geworden. Ich rede von den Leuten, deren Werke einzeln heraus gekommen, und da man keine Collectiones davon hat. Athanasii *Kircheri*, der in dem 76. Jahre seines Alters zu Rom gestorben, Schriften sind sehr rar. Prosper *Farinacius*, ein berühmter Jurist, hat viele juristische Schriften hinterlassen, und besonders die Jurisprudentiam criminalem sehr erläutert; der Pabst Benedictus sagte von demselben: Farinam quidem bonam esse.

esse, sed non Saccum, i. e: Auctorem, weil er viele rabulistische Streiche gemacht hat. Der berühmte französische Jurist, *Tiraquellus*, hat dreyßig Kinder und dreyßig Bücher in die Welt geschickt, und zwar jährlich eins.

Libri futiles sind, die von besonderen nichts werthen Materien handeln. Z. E. das ABCDarium Marianum, welches zu Madrit anno 1648. heraus gekommen, darin nach dem ABC Lobsprüche der Maria enthalten sind. Ein erstaunendes Buch in 60. Folianten ist des Josephi Belidor *de Salas* Ritters von St. Jacob in Spanien, Archi chronographia, wozu Philippus IIII. die Unkosten hergegeben, es ist blos aus andern Schriften zusammen geschmieret, und es gilt des *Aristotolis* Spruch davon: magnus Liber, magnum Malum.

Die *Accidentalia* einer Bibliotheck sind die Ornamenta. Dahin gehören die Instrumenta physica und mathematica. Conf. *Guarnerii* Catalogus Bibliothecæ magnæ Jesuitarum Parisiensis. Die Instrumenta sind sehr rar, und besonders die Sphæræ armillares Mobiles, da alle Planeten nebst ihrem Lauf von Meßing abgebildet sind, und entweder durch Uhrwerke

oder

oder durch Handräder getrieben werden. Man trift dergleichen zu Leyden und Altorf an. Ferner gehören hieher Imagines & Statuæ eruditorum. Conf. *Schrepperi* Imagines & Statuæ Virorum illustrium in Bibliothecis. Der berühmte Petrus *Frantzius* hat sich sehr bemühet, die gelehrte Männer recht schön abschildern zu lassen, die der Herzog Anton Ulrich von Wolfenbüttel gekauft, und nach Braunschweig ins Carolinum geschenckt hat. Es gehören hieher auch schöne Land-Charten, und besonders rare französische Charten, die von Frankreich handeln. In Italien hat der Coronelli von Griechenland und Italien schöne Charten stechen lassen. Die Englische sind die rarestén. Die Schwedische Societät der Wissenschaften läst auch Charten stechen. Illuminirte Bücher, besonders Historiæ Naturalis, e. g. Kräuter-Bücher, gehören auch hieher. Ferner illuminirte Wapen-Bücher. Auf der hiesigen Bibliothec haben wir von *Balliot* das Inventaire heraldique, mit unvergleichlichen Wapen, darin zum blauen lauter Ultramarinfarbe gebraucht worden, und hat man allein diese Illuminirung nicht für 500. Louis d'or machen können. Endlich sind auch hieher noch zu rechnen die Monumenta der Stifter der Bibliothec, die manchmahl sehr schön ausgearbeitet sind.

CAP. II.

CAP. II.

Von Münz-Cabinettern.

Von den Münz-Cabinettern wollen wir zuerst überhaupt handeln, und alsdenn insbesondere von den Münzen selbst reden.

Ueberhaupt ist von den Münz-Cabinettern zu bemerken, daß ein reisender Gelehrter sich hauptsächlich angelegen seyn lassen muß, dieselbe zu besehen, da sie selten zu sehen sind, weil sie nicht, wie die Bibliothecken, offen stehen, welches die Kostbarkeit derselben auch erfordert. Es ist daher auch nöthig, daß man sich vorher darum bekümmert, was man in einem Münz-Cabinette zu sehen hat, da man es nur selten betrachten kan. Ich will ihnen daher nur zeigen, wornach man sich in einem Münz-Cabinette umsehen soll, und worauf man hauptsächlich acht zu geben hat. Sehr selten sind Münz-Cabinetter mit Bibliothecken verknüpft zu finden. Wir wollen hier (I.) bemerken, daß die *Numophylacia vel publica vel privata* sind. Die *publica* gehören Königen, Fürsten, und ganzen Republicken. Die *privata* haben sich Privat-

Personen zu ihrem Gebrauch angeschaft. Die publica sind freylich die schönsten, wegen der Kosten, die darauf verwendet werden können. Indessen ist es auch gewiß, daß man oft in privat Münz-Cabinettern was antrift, das man in publicis vergeblich sucht, weil es darin auf das Glück ankomt; sie sind daher auch nicht vorbey zu gehen. Wir müssen uns (II.) einen *Catalogum celebriorum Numophylaciorum* bekannt machen, damit wir wissen, an welchen Orten Münz-Cabinetter anzutreffen sind. 1) In Teutschland ist das Kayserliche Münz-Cabinet zu Wien wohl das gröste. Unter Maximiliano II. und Rudolpho II. hat man angefangen dazu zu samlen. Es ist aber noch nicht völlig in Ordnung gebracht. Es sind allein über 40000. alte Münzen darin. Carolus VI. hat es sehr vermehret; er war in der Jugend nach Münzen informiret worden; daher hat er immer, besonders an alten Münzen, ein Vergnügen gefunden. Es ist aber kein rechter gelehrter Mann darüber gesetzt. Jetzo stehet ein Kammerdiener darüber. 2) Das Münz-Cabinet zu München ist bey der Belagerung nach Ingolstadt gebracht worden. Es ist aber schwer zu sehen zu bekommen, da ein Jesuit darüber gesetzt ist. 3) Zu Manheim hat der Chur-Fürst von der Pfalz ein schönes Cabinet,

binet, welches der Chur - Fürst Johann Wilhelm gesamkt. Conf. Laurentii *Begeri* Thesaurus Palatinus. Der Chur-Fürst Carl Ludwig hatte schon eine gesamlet, welches aber theils der König in Preussen, theils der Landgraf von Hessen-Cassel, theils die Madame d'Orleans, geerbet haben. Johann Wilhelm von Pfalz-Neuburg legte es erst zu Düsseldorf an, und von da ist es nach Manheim gebracht worden. 4) Das Cabinet zu Gotha ist schön, und leicht zu sehen zu bekommen. Der Herzog Ernestus Pius hat es nach dem dreysigjährigen Kriege von neueren Münzen gesamlet. Andreas *Morellus*, ein grosser Numismaticus, gab ihm die Anweisung dazu, wie auch *Schlegel* und *Olearius*. Weil er keine männliche Erben, aber viele Schulden, hatte, so verkaufte er es für 100000. Rthlr. an Johann Friderich von Sachsen-Gotha. Es ist sehr ordentlich gesetzt, und in lauter kleinen Cabinettern, jedes auf einem Tische, darunter die Bücher, die dazu gehören, stehen. Man kan es also auch leicht aus einer entstehenden Feuersnoth retten. Es ist ein höflicher und geschickter Mann darüber gesetzt. 5) Zu Stutgard ist auch eins gewesen, welches aber nach Ludwigsburg gebracht ist. 6) Das Cabinet zu Berlin ist auch sehr schön. Laurentius *Beger,*

Beger, der mit demjenigen Manheimischen Münzen, die der König von Preussen als ein Erbtheil bekam, nach Berlin gekommen, hat das dasige Münz-Cabinet in Ordnung gebracht, und eine Beschreibung davon gemacht. Der hochselige König in Preussen hat alle goldene Münzen, deren eine schöne Anzahl da war, auch die von acht Pfund, die Friedrich Wilhelm der Grosse giesen lassen, da auf einer Seite er, und auf der andern seine Gemahlin stand, und dem hochseligen Könige, als seinem Sohne, auf dem Todbette zum Segen gegeben hatte, heraus genommen, und kleine Münzen davon prägen lassen. Es siehet aber doch noch prächtig aus. 7) Das Königliche Münz-Cabinet zu Paris, welches nach *Versailles* gebracht ist, wird für das vollständigste gehalten. Franciscus I. hat es zu Fontainebleau gesamlet, und nachher haben es Henricus I. und Ludovicus XIII. besonders aber Ludovicus XIIII. mit erstaunenden Kosten vermehret. Es ist besonders in französischen Münzen vollkommen, die bis in die Merovingische Zeiten gehen. 8) Von Spanien hat man keine Nachricht. 9) Der verstorbene König von Portugal hat auch vieles daran gewandt, und grosse Leute in alle Länder darnach ausgeschickt. Man sehe die Memoires. der Portugiesischen Academie.
10) In

10) In Engelland hat der König kein Münzcabinet, aber die Advocaten haben zu London ein schönes. 11) Bey der Bibliotheca *Gottoriana* ist auch eins. 12) In Edimburg haben die Advocaten auch eins, welches sehr schön ist. 13) Der König von Dännemark Christianus III. hat ein unvergleichliches Münz-Cabinet gesamlet, welches *Jacobsen* beschrieben hat. 14) In Schweden fiel der König Carolus XI. darauf, ein Collegium Antiquitatum Gothicarum anzulegen, dazu auch Münzen gesamlet wurden. 15) In Polen ist nichts. 16) In Rußland, welches sehr zu verwundern, auch nicht. 17) In Italien hat ein jeder Hof, eine jede Republick, ein Münz-Cabinet, nur der Pabst nicht; die pabstliche Nepotes nehmen auch alles weg. Der Herzog von Savoyen, von Mantua, von Modena, von Parma, welches nach Florenz gekommen, und besonders auch der Herzog von Florenz. Wir wollen (III.) eine kleine *Historiam Numophylaciorum* prämittiren. Die Münzen aller Völker machen ein grosses Stück der Gelehrsamkeit aus, und sie sind mit von den ältesten Denkmalen aller Zeiten. Daher hat man in neueren Zeiten für die Erhaltung derselben billig Sorge getragen. Vor allen andern hat der berühmte Ezechiel *Spanheim* das

vortrefliche Buch de Usu & Præstantia Numismatum geschrieben. Es werden Münzen von den ältesten, mittlern und neuern Zeiten, welche letztere wir von anno 1500. anrechnen, aufbewahret. Es haben zwar nicht alle Münz-Cabinetter diese Münzen aufzuzeigen, und besonders sind die von den mittleren Zeiten rar. Es sind aber doch diese drey Abtheilungen zu machen. Die Instauratores Litterarum haben sich hauptsächlich darum bemühet. Man muß sich auch um die Metalle der Münzen bekümmern. Es gibt goldene, silberne, und kupferne Münzen. Die goldene sind immer rar. Man muß auch auf die Grösse sehen. Es gibt Numos primæ, secundæ, und tertiæ Magnitudinis. Numi primæ Magnitudinis sind Medailles. Die andere sind vulgair. Man hat meistentheils auf zwey Seiten der Münzen zu sehen. Doch gibt es auch einige einfache Münzen, die zur Noth geschlagen worden. Die erste Seite, und zwar die Hauptseite, heißt avers, die andere revers oder Rückseite. Der avers enthält gemeiniglich ein Bildnis eines grossen Herren; der revers ein anderes Bild. Endlich hat man auch wohl darauf zu sehen, ob die Münzen auch wohl conserviret sind, die wie ein Phönix zu achten sind, da sie sehr leicht durch das Commercium abgenutzt,

nutzt werden, und je feiner die Münzen sind, desto eher nutzet man sie ab. Es sind auch viele Münzen vergraben gewesen, und von den Dünsten der Erden angegriffen worden.

Was nun insbesondere die Münzen selbst betrift, so wollen wir sie nach drey Classen abhandeln, und 1) von den alten Münzen, 2) von den Münzen aus den mittleren Zeiten, und 3) von neuen Münzen reden.

Unter den alten Münzen treffen wir wahre, falsche, und nachgeschlagene Münzen an.

Von den wahren alten Münzen wollen wir zuerst handeln, und dabey die drey berühmteste Völker, die Juden, Griechen, und Römer, nach einander durchgehen. (1.) Die Juden, das älteste Volk, haben, wie wir auch aus der Heil. Schrift sehen, auch Münzen gehabt. Geld und Münzen sind aber sehr unterschieden. Geld ist alles Pretium, welches bey allen Völkern im Gebrauch gewesen ist, und hat den Namen von Gelten. Das Metal ist erst spät dazu genommen worden. Daß unter der Erden Metal verborgen sey, haben dem Menschen die Metal mit sich führende und aus den Bergen kommende Flüsse gezeiget. Die Alten haben so gar gesagt, daß kein Fluß wäre, der nicht Goldsand mit sich führete. Aus dem Rheinischen Goldsande sind die Rheinischen Goldgulden entstanden. Die Menschen haben nun das Metal aus der Erden gegraben, es geschmolzen und nützlich gebraucht. Das Eisen hat der weise Schöpfer am meisten wachsen lassen, weil es gar unentberlich ist. Von Gold, Silber, Kupfer, Eisen, bezeichneten die alten Stückgen mit ihrem Gewichte und Werth, und nannten sie Monetas, von monere, erinnern, daß es so viel gelte. Conf. Otto *Sperlingius* de Numis non cusis. Die Morgenländer, woraus alle Länder bevölkert worden, haben Geld gehabt. Es war mit einem Stempel bezeichnet. Allein von dem Gelde, das bey dem ersten Tempel der Juden geschlagen worden, ist nichts mehr übrig. Die älteste Münzen, die wir noch haben, sind nach der Babylonischen Gefängnis bey dem zweyten Tempelbau unter der Regierung der Maccabäer geschlagen worden. Alle älteste jüdische Münzen sind von den Maccabäern. Hadrianus *Relandus* hat in seinem Tractat de Numis veterum Hebræorum, Utrecht 1709. 8vo. mit aller angewanden Mühe doch nicht mehr als 23. zusammen bringen können. Sie sind

von

von Silber und Kupfer, und die älteste ist von dem Hohenpriester Simon, dessen im ersten Buche der Maccabäer gedacht wird. Der Höchste hatte den Juden verbotten, sich ein Bild zu machen, daher sie die Bilder immer verabscheuet haben. Jetzt haben alle Juden den grösten Abscheu vor der Abgötterey, da es doch vor Zeiten, ungeachtet sich der grosse GOtt ihnen so oft augenscheinlich offenbarte, anders bey ihnen aussahe. Sie setzten ein Krügelein mit zween Handgriffen auf die Münzen. Einige halten es für ein Manna Krügelein. Ich kan es aber nicht davor halten, da es einige Juden selbst für ein Kornmaas halten, als womit sie die Fruchtbarkeit ihres Landes anzeigen wolten. Auf der andern Seite stand ein Palmbaum, oder eine Weintraube, oder ein Weinblatt, oder ein Bund Kornähren. Die Umschrift ist mit Samaritanischen Buchstaben, da der Hohepriester und das Jahr angezeigt stehet. Bey dem Krügelein stehet entweder ein Seckel des Heiligthums, oder die heilige Stadt Jerusalem. Zu den Zeiten der Römer, unter der Regierung der Herodianer, ließ Herodes Antipas Münzen auf Römische Art schlagen. (II.) Die andere älteste Nation, die Münzen gehabt hat, sind die Griechen, da die Münzen anderer alten Nationen alle umgeschmolzen und umgekommen sind. Wir müssen sie recht kennen lernen. Griechenland wurde in Europæam und Asiaticam eingetheilet. Græcia Europæa wurde in Græciam specialiter & proprie sic dictam, und die Länder ausser Griechenland, und die Colonien, eingetheilet. Griechenland war eigentlich das heutige Morea oder Peloponesus. Thracia und Macedonia gehörten eigentlich nicht dazu. Corfu, Cephalon, und andere Inseln, lagen darum. In Italien hatten die Griechen den untern Theil, Græcia magna, und Sicilia. In Frankreich hatten sie Marseille. In Asia hatten sie klein Asien, das war Græcia Asiatica. Wir haben noch viele schöne Griechische Münzen, darunter die goldene sehr rar sind. Wir haben Numos Regum, Urbium, Coloniarum. Die älteste Münze ist diejenige, die *Beger, Spanheim*, und *Wachter* in Archæologia græca, von einem Phidone, Rege Argivorum, angeben, die auf einer Seiten einen langen Krug mit zween Handgriffen, und auf der andern einen Namen hat; sie ist zu Paris in dem Königlichen Münz-Cabinette. Wir wollen jetzt die Griechische Münzen der Könige, der Städte, und der Colonien, durchgehen. 1) Unter den Griechischen Münzen von Königen sind die ältesten die Macedonischen, und zwar die

aller=

allerälteste Philippi, Regis, Filii Amyntæ, Patris Alexandri Magni. Davon kommen viele goldene vor. *Diodorus* Siculus in Bibliotheca græca Lib. 3. sagt, daß Philippus die Goldbergwerke in Thracia sehr genutzet. Es stehet darauf sein Name und das Bild der Pallas, und auf der andern Seite ein Löwe oder ein Pferd. Nach diesem sind die Münzen des Alexandri Magni die ältesten, und zwar die mit seinem Kopf. *Schleger* Diss. de Numo Alexandri Magni singulari Typo insigni, Hamburg 1737. Sie sind in allem Metal anzutreffen. Nach Alexandri Magni Tode häuften sich die Münzen der Könige, da besonders seines Bruders Philippi Aridæi und Demetrii Polyorcetis Münzen sehr rar sind. Des Königs in Thracia, Lysimachi, goldene Münzen sind nicht so rar, als die silberne. Der *Lacius* erzehlet, daß, als nachher einige Fischer in Thracia hätten fischen wollen, ihr Netz an einem Baume unterm Wasser sey hangen geblieben, darunter sie 40000. goldene Lysimachos gefunden hätten. Alle güldene Münzen der Griechen machen so viel als 4. Rthlr. Tetrachmi sind 8. Rthlr. Man hat auch zwey zu Paris, die Octodrachmi sind. Die Syrische Könige Seleuci haben viele Städte nach ihrem Namen erbauet, und auch viele

viele silberne und metallene Münzen schlagen lassen. Goldene haben sie wenig hinterlassen. Unter den Syrischen Münzen sind Antiochi VII. und seiner Gemahlin Cleopatræ, da Capita jugata zwey hinter einander stehen: Die Syrische Münzen sind auch sehr nützlich in der Chronologie, da die Zeit darauf stehet. Conf. *Norisius* in Epocha Syro-Seleucidarum. Die Münzen der Egyptischen Könige, der Ptolemæorum, übertreffen noch fast die Münzen der Seleucorum an Schönheit. Der erste Ptolemæus Sotor ist nur einmahl in Gold, häufig aber in Silber anzutreffen. Wegen ihrer Zunahmen hat es Mühe gekostet, sie zu unterscheiden, da nur auf Ptolemæi III. und 14. Münzen der Zunahme Euergetes und Philopator stehet. Die Münzen der Berenix und Arsinoe sind auch schön. Aus den kleinen Asiatischen Reichen, als aus *Armenien* der Tigranum, sind rare Münzen; Mitridatis ex *Ponto* sind nicht so rar. Die Münzen der *Arsacidum* sind rar. Der Araber rareste Königliche Münze ist Aretæ. Hernach sind von den Königen die ältesten die Syracusanische. 2) Von den Städten in Griechenland findet man fast keine goldene Münzen. Eine einzige goldene kommt oft vor. Sie stellet auf dem Avers drey gehende Personas togatas vor;

die

die erste hat Fasces, die andere ist Consul, und die dritte ein Lictor. Unter der ersten stehet ein ȣ, unter der andern κοσον. Auf dem Revers stehet ein Adler. Man streitet sehr darüber. Einige halten sie für eine Münze Hetruriens, Coloniæ Romanæ, wo man eine Stadt Cose gefunden. Da wurde aber nicht Griechisch geredet. *Patinus* hält sie für eine Monetam Consularem Familiæ Juliæ. Was soll aber das Wort κοσον heissen? *Hardovin* sagt, es wäre eine Griechische Stadt κοσον, die Augustus Consul anbauen lassen. Es ist also noch nicht ausgemacht, was sie bedeuten soll. Weil nun die Städte es für ein regale gehalten haben, goldene Münzen schlagen zu lassen, so findet man von ihnen meistentheils silberne und kupferne. Sie sind in grosser Dunkelheit, und es stehen wenige Namen darauf, und viele Götzenbilder. Weil auch so viele Städte einerley Namen gehabt haben, so kan man nicht sagen, wem sie beyzulegen sind. Z. E. Numus Magnesianus, da wir drey Magnesias haben, eine in Thessalia, die andere in Asia, und die dritte in Macedonia. Es ist endlich ausgemacht, daß die mit dem Centauro aus Thessalia, die mit der Diana aus Asia, und die mit dem Apollo aus Macedonia sind. 3) Die Münzen der *Colonien* haben auch Griechische

sche Buchstaben, als von der Stadt Syracusa, und die von Asia. Die Numi Urbium græcarum sind nicht so gut, zierlich und fein. Je grösser die kupferne Griechische Münzen sind, einen desto grössern Punct haben sie in der Mitte, der von dem Stempel, wegen mehrerer Sicherheit rund eingeschlagen worden. (III.) Die Römische Münzen werden in Consulares oder Familiarum, und Imperatorum, eingetheilet. 1) Die Numi *Consulares* sind die rarestén. Die Römer haben, (nach dem Zeugnisse des *Plinii* Hist. Nat. Lib. 33. Cap. 3. der davon, ob es gleich sehr dunkel anzugeben gewesen, die ausführlichste Nachricht hinterlassen,) unter dem sechsten Könige, Servio Tullio, angefangen, Münzen schlagen zu lassen, da Servius Tullius zuerst Metal prägen lassen. Es ist also Numa nicht der erste gewesen, und hat also auch nicht den Namen von Numus. Es ist A. V. C. 177. und in der funfzigsten Olympiade in dem vierten Jahr, vor Christi Geburt 577. und nach Erschaffung der Welt 3471. gewesen. *Plinius* meldet, daß, als Servius Tullius Münzen schlagen lassen, so habe er A. V. C. 181. den Censum nach Assibus eingerichtet. Er ließ kupfern Geld schlagen, welches As librale genannt wurde, weil es just ein Pfund wog. Es ward

ward in zwölf Unzen getheilet. Eine Unze war zwey Loth. Also ein Römisches Pfund macht 24. Loth. *Varro* sagt, As hieß so viel, als Als. Andere sagen, As sey von *ais*, unus hergekommen. Die Asses waren dicke und rund, und auf jeder Seite ein Ochse oder ein Schaaf, Pecus, und ein I. oder L. anzuzeigen, daß es ein Pfund wog. Der berühmte *Vallitna* sagt, er hätte davon keins mehr gefunden. Conf. ejus Præfatio ad Numos Familiarum p. 11. *Spanheim* de Usu & Præstantia Numismatum Tom. 3. p. 23. sagt, zu Paris in der Geneveschen Münzsammlung sey ein As libralis, und auch in Italien. Ich habe selbst einige gefunden. Ich glaube aber, daß sie die betrügliche Italiäner nachgegossen haben. Die Haupturfache, warum die Asses librales abgekommen sind, ist, weil sie Tempore primi Belli Punici vermindert, und auf ein halbes Pfund herunter gesetzt wurden. Endlich galt ein As nur quartam Unciæ Partem, und also nur den 48sten Theil des Assis libralis. Daher komt der Unterscheid unter dem As grave. Man hat in Münz-Cabinettern auch Trientes, Quadrantes, &c. Nachher wurde auf den Assibus auf einer Seite Janus Bifrons, und auf der andern, ein Rostrum Navis, gesetzt. Diese findet man mehr. Man

Man fieng A. V. C. 485. Quincto Ogulnio & Cajo Fabio Consulibus, im vierten Jahre der 127sten Olympiadis, und im 289sten Jahre vor Christi Geburt an, in Rom auch Silbergeld zu schlagen; denn vorher hatten sie fremdes Silbergeld. Ein solcher Numus hieß Denarius, weil er decem Libras Æris galt. Man schlug auch Quinarios, von quinque Libris Æris. Sie setzten Bigas und Quadrigas darauf. Daher man sie Bigatos und Quadrigatos nannte. Sie waren von purem Silber. Livius Drusus setzte den achten Theil Kupfer dazu. Nachher setzte man Victoriam darauf, auf einer Seiten Rom als Bellona, und auf der andern Seite die Bigas. Die goldene schlug man A. V. C. 547. als Asdrubal in Italien eingefallen war. Der Magistratus und Senatus, unter der Direction der Consulum, liessen in Æde Junonis, unter der Aufsicht der Triumvirorum Rei Numariæ, Münzen schlagen. Da entstanden Numi Consulares, die bis auf Julium Cæsarem gehen. Die mächtige Familien, die Ædiles Currules waren, liessen ihre Zeichen darauf schlagen. Man findet sie in Kupfer, am meisten aber in Silber, und am wenigsten in Golde. Man setzte, wie vorhin, das Bild eines Consulis auf die Münzen. Die Numi Consulares Romanorum ſind ſchwer zuſammen zu bringen. Fulvius *Vrſinus*, und viele andere, haben ſich darum bemühet. *Vaillant* hat mehr als andere, (die nur 202. gefunden,) nemlich 219. und nur von 56. beſonderen Familien goldene, gefunden. In der Reihe der Familien iſt die erſte Æbutia, und die letzte Vulteja, nach dem Alphabet. In dem Gothaiſchen Münz-Cabinette haben ſie 191. Stücke. Man hat noch viele Familias incertas, weil die Römer Prænomen, Nomen, Cognomen, hatten, und doch auf vielen Numis nur das Cognomen ſtehet. Bey 180. diverſe Namen findet man auf Münzen. In der Familia Cornelia ſind 15. Numi, worauf nur die Nomina ſtehen, z.E. Fulvius, Cinna, Rufus. Der Name Rufus kommt in 8. Familien vor. Deswegen ſind ſie ſchwer zu unterſcheiden. In älteren Zeiten trift man vor A. V. C. 547. keine goldene an, und wenn man einige findet, ſo ſind es Reſtituti, die man erneuren laſſen, oder nachgegoſſene. Von dem Pompejo trift man eine Münze an, mit der Ueberſchrift: Pompejus Magnus Pius Imperator. Bey den Numis Conſularibus hat man acht zu geben, wie viele beſondere Familien, wie viel goldene, und wie viel ſilberne Münzen, da ſind. 2) Die Numi *Imperatorum* ſind entwe-

entweder Romæ cusi, oder in Coloniis, welche entweder Lateinisch oder Griechisch geredet haben. Die Numos Imperatorum solte man billig von Octavio anfangen, und bis auf den Heraclium, der anno 641. starb, rechnen. In Gold sind sie am schwersten zu finden. Selbst in dem Königlichen französischen Münz-Cabinette sind diese nicht vollkommen. In Silber sind sie immer kleiner, und in Kupfer grösser. Man hat dabey hauptsächlich auf die Gegenseite der Münzen zu sehen, aus deren Bildern die Historie ungemein erläutert werden kan. Die erste Kayser sind auf feines Metal geprägt. Nachher hat man sie sehr verfälscht. Man nennet sie die Münzen de Bassempire. Man hat hauptsächlich auf die Seriem Tyrannorum des dritten Sæculi acht zu geben, worunter als ein Phönix anzusehen ist der Numus Aureus Vetranionis. Die Numi Tyrannorum sind in der Historie sehr nützlich. Daher muß man in einem Münz-Cabinette die Seriem Tyrannorum ja durchsehen. Wir wollen nun einige Kayserliche Münzen anführen. Der vornehmste Numus ist Otto Æneus, eine kupferne Münze vom Kayser Otto, mit lateinischer Schrift. Man weiß aber nicht eigentlich, ob die Münze da ist; da er nur 95. Tage regieret, und von dem Vitellio vom Throne gestossen worden. Man glaubt vielmehr, daß der Rath

dem

dem Vitellio zu gefallen, ihm die Ehre nicht würde erzeiget haben. Es haben viele angezeiget, daß sie zween Aureos latinos Numos Ottonis angetroffen. *Chifletius* hat davon ein ganzes Buch geschrieben. Der zweyte rare Kayserliche Numus ist von Bescennio nigro, der anno 195. dem Severo entgegen gesetzt war; er ist in Silber sehr rar. *Pertinax* hat nur drey Monate regieret. Florianus, der anno 276. nur zwey Monate regieret, hat doch Münzen hinterlassen. Aber die von Pescennio sind doch die rarsten. Die Numi Gordianorum, Patris & Filii, die anno 237. beyde regieret haben, sind auch rar. Von dem Gordiano III. sind sie nicht so rar. Gordianus IIII. aber ist nur erdichtet. Unter die Numos Augustarum gehöret Furia Sabina Tranquillina, Gordii Gemahlin, die im Lateinischen sehr rar ist. Die Numi maximi moduli, die die Italiäner Medaillons nennen, sind sehr rar. *Vaillant* behauptet, es wären nach Domitiano keine geschlagen worden. Diese Medaillons sind nicht gänge und gebe gewesen, sondern es waren nur Schaustücke, die zum Staat, und um verschenkt zu werden, geschlagen wurden. Post Domitianum finden sie sich seltener. Doch hat man auch noch einige von Constantino Magno. Die mehreste sind von Kupfer, sehr selten von Gold und Silber.

Silber. Bey den kupfernen Münzen siehet man sehr auf das Æs Corinthiacum. Man findet nemlich dreyerley Kupfer: Æs regulare, welches gereinigt war, und darunter das schönste ist Æs Cyprium, das auch Æs fulvum genannt wird; Æs album, wozu Zinn gekommen; und Æs Corinthiacum, welches eine hochgelbe Farbe hatte. Conf. *Plinius* in Histor. nat. Lib. 34. Cap. Er sagt, es sey Flavum, und am Wert höher als Silber gewesen. Es ist eine alte Fabel, daß bey der Belagerung der Stadt Corinthus alles Metal zusammen geschmolzen worden, daß die Römer nicht getr......, und daß daraus dieses Erz entstanden sey. Es ist vielmehr durch eine Vermischung, wie heut zu Tage per Terram Cadmiam das Meßing, so gelb geworden. Von Tiberio, und andern Imperatoribus, hat man einige. Man hat aber das Æs Corinthiacum mehr zu Gefäßen gebraucht. Unter den Römischen Münzen haben wir eine rare Art von Numis maximi & medii Moduli, die Conturniati hiessen, und einen sehr hohen Rand hatten. Man streitet sehr darüber, ob der Rand darum gelötet, oder geprägt sey. Man findet bey den kupfernen Münzen auch Alters halber einen Rost, der aber für rar gehalten wird, und bey den Römischen

Mün-

Münzen sehr schön, nemlich so grün wie ein Schmaracho, aussiehet. Die Italiäner haben ihn nachmachen wollen; es ist ihnen aber nicht geraten. Man findet auch Numos incusos raros, die nur auf einer Seiten erhaben, und auf der anderen flach sind. Es sind auch einige, worauf per Errorem Monetariorum zwey Gepräge gekommen sind. Der Pater *Frolich*, ein Jesuit, hat davon geschrieben.

Die falschen alten Münzen theilet man in Numos *pelliculatos* und *tinctos* ein. Die *Pelliculati* haben eine Ueberhaut, und sind entweder *Subærati* oder *Subferrati*, darüber ein silbernes Blättgen gar künstlich gelegt ist. Sie werden hoch gehalten. Man trift sie bis auf Galieni Zeiten an. *Subferrati* sind rarer. Savot hat sie durch Hülfe des Magnets entdeckt. Man meinet nach dem Zeugnisse des *Plinii* in Histor. natur. Lib. 33. Cap. 4. daß der Marcus Antonius triumvir den Betrug erfunden habe. Weil es Numos subæratos und subferratos gab, so kamen Numi *ferrati* auf, welche kleine Löcher auf den Seiten hatten, damit man erkennen konnte, von was für Materie sie waren. *Tacitus* de Moribus Germanorum sagt, daß die Teutschen sich dadurch vor Betrug gehütet. Die Numi *perforati*,

forati, dadurch ein Loch geschlagen war, entdeckten es noch deutlicher, weil oft nur ein silberner Rand darum gelegt war. Ferrati gehen bis auf Augusti Zeiten. Numi *tincti* sind später aufgekommen. Es wird derselben in L. 8. ff. ad L. Cornel. von *Ulpiano* gedacht, und solche Münzer ad Beſtias verdammet. Einige Römer zogen über die Münzen einen Firnis, als Gold und Silber. *Chifletius* in Ottone Æneo sagt, sie wären sehr rar. Man findet auch noch Numos argenteos Auro obductos, die nicht tincti können genannt werden.

Man hat auch alte Münzen nachgeschlagen. So findet man falsche Juden-Münzen, z. E. den Moses mit Widderhörnern auf dem Kopf, den König Salomo, die Ruthe Aarons. Als die Juden in Griechenland, Asien und Smyrna, das Münzen gelernet, so haben sie die alten Münzen betrieglich nachgepräget, mit schlechterem Metal und gröberem Gepräge. Da der *Vaillant*, *Patinus*, und andere, die Griechischen Münzen so illustrirten, so hat der Schweitzer aus Zürch, der berühmte *Gesner*, die Münzen abstechen, und so abdrucken lassen, die aber schlecht gerathen sind. An Römischen Münzen, die betrieglich nachgeschlagen sind, fehlet es auch nicht.

Es

Es ist mit dem Nachschlagen so zugegangen. Man hat sie entweder nachgeschnitten, neue Stempel gemacht, sie geprägt, und für alte ausgegeben; oder man hat sie nachgegossen. Die letztere sind die gemeinste. In einer Münzsammlung sind gemeiniglich, je grösser sie ist, desto mehr falsche und verdorbene Münzen anzutreffen. Man muß also auch ein Erkänntnis von falschen Münzen haben. Die falsche alte Römische und Griechische Münzen, nemlich die in neueren Zeiten im fünfzehenten und sechszehenten Sæculo untergeschoben sind, sind zweyerley. Sie sind entweder geschnitten und geprägt, oder gegossen. Die gegossene sind weit älter als die geschnittene und geprägte, weil man, als die Künste wieder aufkamen, anfieng, die Münzen zu giesen, und die alten Medaillen abzugiesen. Den Anfang haben die Italiäner damit gemacht, die noch heut zu Tage rechte Münzenbetrieger sind. Weil die Numi maximi Moduli sehr stark gesucht wurden, so legten sie sich darauf, dieselbigen abzugiesen. Sie machten einen Teich von gebrannten Kälberknochen, die sie fein stiessen, und subtilen Ton und Gips, daraus sie eine Form machten. Erst bestrichen sie die Medaillen mit Oel, und stiessen sie in den Teich, liessen die Form trocknen, und gossen die Münzen ab. Nachher,

wie

wie die gipserne Formen sehr sprangen, nahmen sie zu den Knochen Ziegelstein-Mehl. Zuletzt nahmen sie Kreide, Ziegelstein-Mehl, oder Perlenmehl, und Muschelsand dazu. Oft hielten aber die Formen nicht, und es fehlte was am Gesichte oder am Bilde; dieses besserten sie nachher mit dem Grabeisen aus. Wenn aber die Formen nicht subtil gemacht waren, so funden sich kleine Ritzgen; diese überschmierten sie mit Mastix, und zogen Firnis darüber. Man trift von nachgegossenen Münzen mehr in Kupfer an; viele aber auch in Golde, weil es sich leicht abgiesen lassen. Daher darunter viele nachgegossen sind. Man erkennet die Nachgüsse an dem Gewichte. Findet man ein wahres Original, und einen Abguß, so ist allemahl das geprägte Original schwerer, als der Abguß, weil es durch den Hammerschlag schwerer geworden. Man findet auch, daß der Raum zwischen den Figuren auf den nachgegossenen Münzen niemahls so rein ist, als auf den geprägten. Ist mit dem Grabeisen nachgeholfen worden, so ist eine zu grosse Schärfe da, die bey alten abgenutzt ist. Der Rand ist bey dem Guß immer gekünstelt, und dem Original nicht gleich, da die alten nicht so exact rund sind. Die gegossene sind noch jetzt die gemeinste. Die geschnittene und ge-

prägte

prägte sind entweder ganz neu geschnitten, oder alte Medaillen, denen man nachhelfen wollen. Neue Stempel von alten Medaillen haben besonders vier Männer geschnitten: Laurentius Parmesanus, Valerius Bellus, Cavinus, und in Holland Cardron. Von dem Laurentio Parmesanus, und den andern, will ich keine Apologia führen; aber den Cavino muß ich vertheidigen. Er war ein Eisenschneider aus Padua, und ist kein Betrieger gewesen, ob ihn gleich *Patinus*, und viele andere, so nennen. Als alle Künste in Italien wieder auffamen, und die Künstler ihre Arbeit nach den alten Models einrichten wolten, so machte er die Münzen von den 12. ersten Römischen Kaysern nach, die ihm Marcus *Mantua*, und der grosse Jurist, Alexander *Bassianus*, gaben. Er wolte nur seine Kunst probiren, und es gelung ihm. Er verkaufte sie für seine eigene, und nicht für alte Arbeit. Er ist daher billig sehr zu loben. Er liegt zu Padua begraben, mit einem schönen Epitaphio, da er Vir integerrimus genannt wird. Zu Venedig, darunter er stand, sahe man auch viel zu scharf auf solche Betriegereyen. Hernach fingirte er, auf Angeben des *Bassiani* und des *Marci*, alte Münzen, den Horatium, Virgilium, Æneam, Dido, Artemisiam, das Mausoleum, und verkaufte sie für seine eigene Arbeit. *Thomassinus, Ursatus,* und andere Paduanische Schriftsteller, rühmen ihn billig. Zu Paris in der Bibliotheca Canonicorum regularium sancti Augustini der heiligen Geneveva trift man 50. Stempel von ihm an. *Molinet* beschreibet sie Part. 1. pag. 580. Es hat aber doch andere Betrieger gegeben. Alle neu nachgeprägte Medaillen sind an der Seite weniger dicker, als die alte, da das Bild zu hoch geworden; sie sind nicht so abgenutzt; die Buchstaben sind schärfer; der Firnis siehet nicht so gut aus, und haftet nicht; der Rand ist auch abgefeilt und gar zu rund. Auch von diesen nachgeprägten hat man viele nachgegossene, die sich aber selbst verrathen. Kein Schriftsteller vom Münzwesen gibt die Kennzeichen der falschen Münzen an, ausser *Beauvais d'Orleans* dans l'art de discerner les medailles.

Die Münzen aus den mittleren Zeiten hat man sehr spät angefangen zu samlen, und sie sind daher in vielen Münz-Cabinettern gar nicht anzutreffen. Sie sind sehr unförmlich und undeutlich zu erkennen. Daher hat man anfangs nicht viel darauf gehalten; man hat sie meist verschmolzen. In neueren Zeiten aber hat man mehr Sorge dafür getragen. Man rechnet sie vom vierten

und

und fünften Sæculo, da das Abendländische Kayserthum anfieng zu trümmern zu gehen, an, bis zum 14ten Sæculo. Wir wollen sie nach den verschiedenen Landen und Völkern durchgehen.(I.) In Italien waren durch die viele Verwüstungen der Barbarischen Völker, die gute Münzen sehr rar geworden. Daher muste man anfangen, andere zu schlagen, die aber sehr undeutlich geworden sind. Den Anfang des Münz-Schlagens machten die Ost-Gothen unter ihrem Könige Theodorico. Wir haben davon goldene und silberne. Er ließ sie erst nach Art der Römischen Kayserlichen Münzen schlagen, die aber unförmlich wurden. Nachher ließ er auch seinen Kopf mit einer Umschrift darauf setzen. Conf. *Cassiodorus*, Theodorici Secretarius, varior. Lib. 7. Cap. 32. *Peringskiöld* in Notis ad *Cochlei* Vitam Theodorici. Die Ost-Gothische Könige, deren sieben bis auf Dejam gewesen, haben damit fortgefahren. Die Longobarden, welche Italien von anno 568. bis anno 774. beherrschet haben, haben unter 27. Königen noch schlechtere Münzen schlagen lassen. Conf. *du Cange* in Diss. de Numis Byzantinis. *Muratori* in Dissert. Italiæ Medii ævi. Unter die Gothischen Münzen rechnet man auch insgemein die *Monetas Scutellatas*, die hohl sind,

sind, und wie eine Knopfplatte aussehen. Die alte Teutschen haben sie Regenbogen-Schüßlein genannt, weil sie meinten, die Regenbogen ließen sie zurück. Man kan sich nicht genug verwundern, daß der Professor *Ringmacher* in Dissert. de Patellis seu guttilis Iridis eben diese Meinung behauptet. *Sturm* in Dissert. de Iride, und *Schreck* in Ephemeridibus, haben es widerlegt. Man weiset davon mehr goldene, als silberne auf. (II.) In Spanien ist, wie überhaupt von den Wissenschaften, also auch von Münzen der mittleren Zeiten, wenig anzutreffen. Die alten Römisch-Spanischen Münzen hat Antonius *Augustinus* schön illustriret. Die Wisi-Gothen bemächtigten sich erstlich Spaniens. Unter dem Roderich, dem letzten Könige derselben, findet man verschiedene Nachrichten von ihren Münzen. Conf. la *Stanofa* von schwer zu erkennenden Münzen, welches Buch in Spanischer Sprache geschrieben, und sehr rar ist, so daß es wohl mit 17. Rthlr. bezahlet wird, ob es gleich sehr klein ist. Die Münzen sind darin in Holzschnitten. *Altret* in Antiquitatibus Hispaniæ, der auf der hiesigen Bibliotheck ist. *Mahudel* in Diss. de Monetis quibusdam Hispanicis. 1725. Nachdem nun die Mauren sich Spanien unterwürffig gemacht, so ließen sie

sie viele Münzen schlagen, die aber mit lauter Arabischen Buchstaben umschrieben sind. Die französische sind vollständiger. Die Vandalier, davon Andalusien den Namen hat, die nachhero nach Africa giengen, haben einen Numum Childerici, Regis Vandalorum, schlagen lassen, mit einem Diademate, und auf der andern Seite eine Hand voll Aehren, mit der Ueberschrift: Felix Carthago; diesen hat Spanheim de Usu & Præstantia numismatum beschrieben. (III.) In Frankreich hat man es, nach Engelland, im Münzwesen am höchsten gebracht. Claudius *Baudorue* hat eine Recherche de Medailles antiques geschrieben, darin er auch eine Münze von Teutomero Rege produciret. Von den Merovingischen Königen an hat man aber fast alle in Silber zusammen gebracht. *Procopius* de Bello Gothico meldet schon, daß die Gothische Könige mit ihrem Bilde und Ueberschrift Münzen von Gold und Silber schlagen lassen. Die Carolingische Könige sind sehr sorgfältig auf das Münzwesen bedacht gewesen, und haben besonders in ihren Palatiis Münzen schlagen lassen. Conf. *le Blanc* traité historique des Monnoyes de France. Die Capetingische und Valesische Könige haben auch viele schlagen lassen. In den mittleren Zeiten

kam

kam zu Tours eine Münze wie ein zwey Groschenstück auf, die man *Turnus* nannte, und viel gebrauchte. *Hardouin* hat davon einen Tractat geschrieben, und hinter seine Werke mit andrucken lassen. (IIII.) In Teutschland haben wir hier auf viererley Art Münzen Achtung zu geben. Zwey davon sind uralt, nemlich die Schillinge und Pfenninge; und zwey endigen sich mit der mittleren Zeit, nemlich die Heller und Groschen. 1) Teutschland hat bis auf Carl den Grossen nur eine Art Münzen gehabt, das waren Numi solidi, welches kleine Münzen waren, die auf beyden Seiten geprägt, und kaum so gros, als ein sechs Pfennigstück waren, die man vom Schall Schillinge nannte. Sie hatten erst auf einer Seiten ein Creutz und des Königs Namen, und auf der andern Seite eine Stadt oder Kirche mit deren Namen. Sie hiessen Denarii, und zwölf giengen auf einen Solidum. Noch unter den Ottonibus hat man die Bilder der Könige nicht auf die Münzen gesetzt, sondern nur ihre Monogrammata. Man hat sie noch nie recht untersucht. Diese Solidos liessen auch Reichsstände, denen es die Kayser verliehen, schlagen, und zwar die geistliche Reichsstände zuerst, weil sie sich es zuerst ausgebeten hatten. Die fränkische Könige
hielten

hielten auch das Münzwesen für etwas heiliges, und hatten die Münzſtätte in ihren Palläſten; daher man ſie den, wie man meinte, gewiſſenhaften Mönchen anvertraute. Einige meinten, die weltliche Reichsſtände hätten die Münz-Gerechtigkeit erſt mit der Superioritate territoriali bekommen. Der Canzler von Ludewig meinet, ſie hätten es an ſich geriſſen, und hat dem 500. Rthlr. verſprochen, der ihm ihre Kayſerliche Privilegia zeigen würde; ich habe ihm derſelben drey gezeiget. Die Denarii, Münzen der Könige, Biſchöffe, und weltlichen Stände, ſind nun die vier älteſte Arten der teutſchen Münzen. Der *Schannat* hat noch eine Auswurfs-Münze von Rudolpho Habſpurgico gehabt, die zu Aachen bey der Crönung ausgeworfen worden, wofür ihm der Kayſer Carolus VI. hundert Ducaten und eine goldene Kette gab. 2) Unter den Ottonibus, da der Rammelsberg ſo ergiebig an Silber war, erfand man Numos bracteatos, die platt und dünne waren, und von Pfanne Pfenninge genannt wurden. Sie wurden von hölzernen Stempeln auf einer Seite geſchlagen, und nie von Gold und Kupfer. Die Wiſſenſchaft der Blechſtücke iſt ſehr unterſucht worden. *Olearius* hat ſie faſt in Formam Artis gebracht in ſeiner Iſagoge ad

Numo-

Numophylaceum bracteatorum. *Leuckfeld* und der Canzler von **Ludewig** haben sich auch sehr verdient darum gemacht. Man wog diese Münzen einander zu, weil sie so dünne waren, daß man sie nicht zählen konnte. Man glaubte, daß man diese Münzen nicht würde nachmachen können: man hat aber nachher leider auch diese Kunst erfunden. 3) Nachdem des Silbers in Teutschland weniger wurde, und die Schätze von Ost- und West-Indien noch nicht entdeckt waren, so kamen an statt der Denariorum die Heller oder Halleri auf. Die Benennung ist von der Stadt Halle in Schwaben hergenommen, da die Kayser eine Münze errichtet; daher sie auch Halenses hiesen. Sie waren nicht von Kupfer, sondern alle von Silber. Auf der einen Seite stehet ein Creutz, und auf der andern eine rechte Hand, als das Signum Fidei. Sie hiesen in Medio ævo auch Pfenninge, und wurden Pfundweise ausgegeben. Man erfand nachher auch kupferne Heller. Daher der Unterscheid unter weissen und rothen Hellern kömmt. Sechs hundert Stück Heller haben eine Mark Silbers ausgemacht. Conf. *Schlegel* de Numis Gothanis. 4) Die Groschen oder Grossi sind aus den Turnosen in Frankreich entstanden. Wie sich anno 1296. die Guttenbergische
Silber-

Silbergrube in Böhmen hervorthat, so ließ der König Wenceslaus II. in Böhmen diese Münzen in grosser Menge schlagen, die wegen ihrer Dicke Grossi genannt wurden. Sie hatten auf einer Seite den Böhmischen Löwen, und auf der anderen eine Crone mit der Ueberschrift: Moneta Pragensis. Conf. *Balbinus* in Historia Bohemica. Man zählte sie Schockweise. Als sich in Meissen Bergwerke hervorthaten, so liessen die Markgrafen auch solche Groschen schlagen, welche zum Unterscheid Fürstliche Groschen genannt wurden. Sie setzten auf der einen Seite ihr Wapen, und auf der andern Seite ihr Schild darauf. Diese Münze ist die gemeinste in Teutschland geworden. In Sachsen findet man davon viele. Man kan die alten Steuer-Rechnungen ohne sie nicht verstehen. (V.) In Engelland ist man allezeit für das Münzwesen sehr besorgt gewesen. Der Andreas *von Dome* hat uns von Ecberto, dem ersten Monarchen, schon sehr viele angeführet. Auf der einen Seite stehet der Könige Bild, und auf der andern ein Creuz. Conf. *Hickesius*. Man nannte sie *Pennings*. Es wurden auch in Engelland *Denarii sancti Petri* geschlagen, die ein jeder jährlich an den hineingesetzten Quæstorem geben muste. Man findet in den alten Le-

G gibus

gibus Anglicanis, daß drey Pennings einen Schilling ausgemacht. Ein Schilling ist aber nicht in Natura vorhanden, sondern nur im zählen gebräuchlich gewesen, wie jetzo der Sterling. Man findet keinen Numum aureum Anglo-Saxonicum. Als die Normänner sich Engellands bemächtigten, so hielt es sehr hart, ehe sie sich zu der Nation schlagen wolten. Wie es aber geschehen war, so schlugen sie Sterlinge. Diese haben nicht von der Stadt Sterlin den Namen; denn daselbst ist keine Münze gewesen. Darnach ward alles gezählet. (VI.) In Schottland ist die Münze der Engelländischen völlig gleich; und ob zwar die Schottische Könige weit älter sind, so hat man doch vorher keine gefunden, und Schottische Münzen trift man nicht eher als vom dreyzehenten Sæculo an. (VII.) In Irrland sollen, nach einiger Meinung, die kleinen Fürsten Münzen haben schlagen lassen. Conf. *Kæderus* de Numis in Hybernia cusis. Es ist aber doch gewiß, daß vor Henrico II. der sich Irrland unterwürfig machte, lauter fremde Münzen in Irrland gewesen sind. (VIII.) Im Kirchenstaat in Italien hat der Pabst besonders viele Münzen, auch in mitleren Zeiten, schlagen lassen. Als die Päbste noch unter den Griechischen Kaysern standen, so hatten
sie

sie auch nur derselben Geldsorten. Als sie aber bey Erregung des Bilderstreits mit dem Römischen Volke abfielen, so eignete sich der Pabst, als Princeps Populi romani, das Münzwesen zu. Hadrianus ließ anno 775. zuerst Münzen schlagen. Conf. Joannes *Vignole* de Denariis veterum Pontificum; welches *Floravante* anno 1736. heraus gegeben. Es stehet auf einer Seite ein Creuz mit des Pabstes Namen, und auf der andern die Worte: Sancti Petri. Carolus Magnus ließ nachher, als Römischer König, auf Römische Münzen seinen Namen setzen. Xaverius *Scilla* hat in Italiänischer Sprache eine Nachricht von den Römischen Münzen gegeben, der von Clemente VII. anfängt. Die alte päbstliche Denarii sind sehr rar. (VIIII.) In Venedig hat man, so alt auch diese Stadt ist, da sie schon tausend Jahr gestanden, doch keine Münzen mitlerer Zeiten aufzuweisen; und es ist noch nicht ausgemacht, wenn sie angefangen Münzen schlagen zu lassen. (X.) In Genua ist es in den mitleren Zeiten eben so beschaffen gewesen, wie in Venedig; doch hat *Muratori* einige vorgebracht. (XI.) In Neapel fangen sich die Münzen von Rogerio an. Ein geschickter Doctor Juris, Cæsar Antonius *Vergara* hat sie beschrieben. 1716 fol. Sie sind von Gold, Silber, Kupfer; zahlreich und merkwürdig. (XII.) In Dännemark hat man auch viele Münzen geschlagen. Der Thomas *Burgerodius* hat ein Specimen Numorum Danicorum a Temporibus Antiquissimis usque ad Stirpem Oldenburgicam heraus gegeben. Die älteste sind die Umbini oder Gothici. Nachdem aber das Christenthum im achten Sæculo aufgekommen, so hat man ein Creutz darauf geschlagen. Der mächtige König Canutus I. hat sie sehr schön schlagen lassen, aber meist von Silber. Conf. *Laurentii* Museum Danicum. (XIII.) In Schweden ist aus den mitleren Zeiten besonders der grossen Nordischen Semiramis, der Königin Margaretha, Münze sehr rar. Auf der einen Seite stehet ihr Brustbild, und auf der ändern ein O mit einem Strich in der Mitte: Ɵ. Da haben einige gemeinet, sie hätte den Schweden zum Schimpf das Signum Sexus Feminini darauf setzen lassen. Man hat aber befunden, daß es Münchsburg heissen soll, welches also den Ort der Münze anzeigt, wie denn solches mehr im Gebrauch gewesen. Unter Carolo XI. hat man angefangen die Schwedischen Münzen genau zu untersuchen. Es wird gefragt, ob nicht die Schwedische noch älter sind, als die Dänische? Die Schweden

den zeigen noch einige mit Runiſcher Schrift, von dem älteſten Nordiſchen Volke. Sie haben ſich daher auch auf die Runiſche Schreibart gelegt. Conf. *Brenner* in Theſauro Numorum veterum Sueo-Gothicorum. *Kæder* de Runis in Numis vetuſtis. (XIIII.) In Polen iſt nichts zu finden, da in keinem Lande das Münzweſen in ſo ſchlechtem Stande iſt, als daſelbſt. Ein Preußiſcher Miniſter hat zwar einen Tractat von Polniſchen und Preußiſchen Münzen geſchrieben; er fängt aber erſt ſpät an. (XV.) In Rußland hat man, welches zu verwundern, ſchon anno 1245. Münzen gehabt. Ihre Münzen ſind unanſehnlich und länglicht, und heiſſen Kopecken. Ein gewiſſer Münzmeiſter brachte alle Großfürſten mit heraus. Auf der einen Seite ſtehet der Ritter St. Jürgen, und auf der anderen der Name des Großfürſten. (XVI.) In den Morgenländern unter den Muhammedanern hat man von den Zeiten der Araber an ſich ſehr befliſſen, nach ihrer Art Münzen zu ſchlagen. Sie haben auf beyden Seiten Schrift. Dieſe zeiget 1) die Jahrrechnung der Hegiræ, d. i. der Flucht des Muhammeds von Mechina nach Mecka; 2) den Kalifen; und 3) das Elogium des Muhammeds. Sie haben nur einen Gott, und ſeinen Propheten Muhammed. Es ſind

G 3 keine

keine Bilder darauf, weil Muhammed keine Bilder gelitten. Johann Georg *Kær* gibt Nachricht davon.

Die neue Münzen rechne ich vom fünfzehenten Sæculo an. Wir haben dabey zu sehen 1) auf gangbares oder Currentgeld; 2) auf *Medaillen*, oder Schaustücke; 3) auf Nothmünzen, d. i. Geld, welches bey grosser Gefahr, statt des ordentlichen, geprägt ist; 4) auf Jettons oder Zahlpfenninge, worauf die Holländer viel halten, und die merkwürdige Historien in sich fassen.

Von dem gangbaren Gelde samlet man insgemein nur goldene und silberne Münzen.

Von goldenen Münzen sind in neueren Zeiten zwey Münzen in Europa am meisten im Gebrauch. Die *Floreni* oder Goldgülden, und die Ducaten, die noch bis diese Stunde im Gebrauch sind. *Florenus* hat den Namen von der grossen Italiänischen Handelsstadt Florenz, welche anfieng, eine Goldmünze von einen feinen Quentgen Golde schlagen zu lassen. Die Stadt meinte, sie hätte ihren Namen von Blumen. Daher setzte sie eine Lilie auf die

eine

eine Seite ihrer Münze, und auf der andern Seite stehet Johannes Baptista mit dem Lamme GOttes; weil die vornehmste Kirche in Florenz demselben geweihet ist. Sie wurden vor Zeiten auch Liliengülden genannt. Die alleralteste Schriftsteller von Italien sagen, gegen Ende des dreyzehenten Sæculi wären sie geschlagen worden. *Chifletius* und *Vinnani* behaupten es. Diese *Floreni* dienten allen andern Münzen zum Muster. Man nahm auch das Gepräge an. Zu Anfang 1500. fieng man aber an, solche Münzen mit dem Johanne Baptista und dem Landesherrlichen Wapen zu schlagen. Die Teutschen liessen sie aber, aus Mangel am Golde, von Rheinischem Golde schlagen. Daher kommen die **Rheinische Goldgülden**. Nachher setzten aber die Könige von Neapel diese Umschrift darum: Sit tibi Christe datus. Quem tu Regis, iste Ducatus. Daher die Münzen **Ducaten** genannt worden. Sie werden sehr aufgesucht. Man findet aber fast keine alte Goldgülden. Ein solcher Goldgülden mit dem Johanne Baptista ist daher allemal einen Ducaten werth. Wir wollen nun die Ducaten nacheinander durchgehen. Man findet sehr wenige Münzcabinetter in dieser Samlung vollkommen, weil sie sehr kostbar ist, und nicht so viele rare darunter sind, als unter den silbernen

G 4   Mün-

Münzen. Der Graf zu Schwarzburg hat sie zuerst unter neueren gesamlet. (I.) Man hat mit den Ungarischen Ducaten den Anfang gemacht, die gleichsam die Könige unter den Ducaten sind, und vom feinsten Golde, von schönem Gepräge, und richtiger Suite sind. Eben auf Anstalten des Grafen von Schwarzburg-Arnstadt wurden dieselbe in allen Hanseestädten gesamlet. Daher Jacobus *a Melle*, ein Pastor Marianus Lubecensis, eine Seriem regum Ungariæ in Numis Aureis, quos vulgo Ducatos vocant, heraus gegeben. Sie fangen von Ludovico Magno im vierzehenten Sæculo an, und gehen bis auf die jetzige Königin Maria Theresia. Zwey Ducaten hat aber *Melle* nicht zu sehen bekommen können. Der eine ist von der Maria, Ludovici Magni Tochter, die an den König von Böhmen und Römischen Kayser Sigismundum verheyrathet war, und ihrem Vater succedirte, und von anno 1384. bis 1386. regierte, den man selten findet. Man hat sich sehr gestritten, wie der Titel zu lesen sey. Auf der einen Seite stehet Maria, oder Ladislaus, der Heilige von Ungarn. Auf der anderen Seite stehet das Ungarische Wapen, und die Buchstaben. M. D. G. R. V. darum. Dieses solte nach der gemeinen Leseart: Maria Dei Gratia Regina

Regina Ungariæ, heiſſen. Der *Pomvinius* behauptet aber, daß ſie die Ungarn Rex, welches Generis communis iſt, genannt, und die jetzige Kayſerin hat ſich auch auf den Crönungs-Münzen Regem Bohemiæ genannt. Ich habe den Ducaten, den ich unverhoft zu Altorf gefunden, bekannt gemacht, und die Abhandlung hat Gelegenheit zu meinen Münz-Beluſtigungen, die ich jetzt ins 21ſte Jahr fortſetze, gegeben. Der Herr Profeſſor *Bayle* hat mich darüber widerlegen wollen. Er hatte ein Königliches Siegel, worauf ſich Maria Reginam genannt. *Melle* hat auch von der Münze Caroli Parvi, der die Mariam vom Thron ſtieß, nichts erfahren können. Sie iſt aber anno 1759. zu Hamburg in einer Auction vorgekommen. Auf der einen Seite ſtehet der König auf dem Throne, und auf der andern das Ungariſche Wapen, mit der Umſchrift: In Nomine Domini Jeſu Chriſti. Der von Alberto Auſtriaco, dem Schwiegerſohne des Sigismundi, iſt auch ſehr rar. Johannes Hunniades, der Adminiſtrator von Ungarn war, und Belgrad ſo vertheidigte, ließ auch einen Ducaten ſchlagen, und nannte ſich darauf: Gubernator Regni Ungariæ. Der Johannes von Zapolien, oder der Graf von Zips, der ſich zum Könige in

Ungarn aufwarf, ließ anno 1526. auch Ducaten schlagen, die aber die Oesterreichische Kayser einschmelzen lassen. Auch seines Sohnes Johannis II. Ducaten sind sehr rar. Imgleichen auch der, den dessen Mutter schlagen lassen, worauf, nach ihrem Titel, die Buchstaben: S. F. V. stehen. *Thuanus* erzehlet, daß ihr, da sie der Soliman vertrieben, auf der Flucht der Wagen zerbrochen sey, und sie also zwey Meilen zu Fuß gehen müssen, da habe sie in einem Walde ihren Wahlspruch: Sic Fata Volunt, in einen Baum geschnitten. Diese Worte sind hernach auf den Ducaten gesetzt worden. Gabriel Betlen, der sich anno 1621. gegen den Ferdinandum II. auflehnte, ließ auch in dem einen Jahre, da er regierte, Ducaten schlagen; die aber die Oesterreichische Kayser gleichfals meistentheils einschmelzen lassen. Der *Ragozky* ließ in der grossen Empörung in Ungarn auch einen Ducaten schlagen. Und mit dem sind die Ungarische Ducaten 27. Zwey vom Ludovico II. sind sehr rar, dessen Vater ihn in der zärtesten Jugend, da er nur zwey Jahr alt war, anno 1508. crönen ließ. Auf der einen Seite stehet der Vater Uladislaus, und auf der andern der kleine Ludovicus im Hembdgen als König auf einem Küssen. Nachher liessen die

Malkontenten in Ungarn folgende Worte auf die Münze schlagen: Puda potens & Pannonica Gens Marta, quæ quod fuit, esset, si viveret iste Puer. Diese beyde sind sehr rar. Der Ducat des Caroli V. mit der Umschrift: Sancta Immaculata Virgo Maria, Mater Dei, Patrona Ungariæ, die deswegen darauf gesetzt wurde, weil die Ungarn die Lehre von der Immaculata Conceptione Mariæ eingeführet haben wolten, ist auch sehr selten zu finden. Die rare Ungarische Rabenducaten kommen von dem Johanne Hunniade her, der den Namen Corvinus angenommen, weil ein Rabe seiner Mutter, die man für eine Maitresse seines Vaters hält, einen von demselben empfangenen Ring genommen. Auf diesen Ducaten stehet entweder der Rabe mit dem Ringe im Schilde, oder neben, oder über dem Ringe, oder ohne Ring. In Ungarn tragen alle schwangere Frauen solche Rabenducaten. Die vier Sorten der Rabenducaten sind also sehr rar. Kein einziger Ducate hat eine so hohe Farbe, als die Ungarischen, weil zu Cremen eine schöne Art zu färben, die ein grosses Geheimnis ist, gebraucht wird. (II.) Die Ducaten der Fürsten in Siebenbürgen sind auch sehr merkwürdig, weil Siebenbürgen mit Ungarn als eine Woiwodschaft ver-

verbunden ist. Es ist dem Johann von Zips, für den Abtrit, als ein Fürstenthum, überlassen worden. Das Haus Oesterreich wolte dieses edele Land nicht gern verliehren. Es konte dasselbe aber doch nicht erhalten. Deswegen musten die Ungarn den Siebenbürgern ihre Fürsten lassen. Siebenbürgen ist ein sehr reiches Land an Silber. Nach dem Johann von Zips sind noch 16 Fürsten gefolget, von denen man 16 Ducaten hat. Darunter sind besonders zween merkwürdig. Den einen hat die Gemahlin des Gabriel Betlens, Catharina Prinzeßin von Brandenburg, die über ihren Sohn Stephan Betlen ein Jahr die Vormundschaft geführet, schlagen lassen. Der andere ist von den Rebellen Moses Zeckel, der anno 1602. sich empöret, und anno 1603. wieder zum Vorschein kam, aber erschlagen wurde. Diese Ducaten sind sehr rar. *Köleser* hat sie in Auraria Daciæ zuerst zum Vorschein gebracht. Auf der einen Seite stehet sein Name, und auf der andern die Worte: Dominus Protector meus, in der Umschrift 1603. Claudiopoli oder Klausenburg. Der Hällische Professor Martin *Schmeizel* hat die Siebenbürgische Ducaten erläutert. 1745. (III.) In dem teutschen Ducatenfache sind nur lauter Goldgülden, die man von Friderico II.

herrech=

herrechnet. Man trift von ihm viele Münzen an, da auf der einen Seite sein Bildnis, und auf der andern ein Adler mit des Kaysers Titel stehet; die in Italien und Neapel vielmehr, als in Teutschland geschlagen sind. Dieses ist die älteste teutsche Kayserliche Münze. Von Ludovico IIII. Bavaro ist ein doppelter Ducat sehr merkwürdig, den der Canzler von *Ludewig* zuerst entdeckt hat, der daraus den Ursprung des Reichsadlers mit zween Köpfen erweisen wollen. Ich habe aber sehr gezweifelt, ob der Herr von *Ludewig* recht gesehen; weil er einmal die Welt sehr hinters Licht geführet, da er in seiner Einleitung zum Münzwesen mitlerer Zeiten pag. 98. den Ursprung der Münzen mit einer Buche und einem Horn von einem Hirten herleitet, der sich selbst Geld mit einem Hirtenzeichen von seinem Kessel gemacht, und sich für diese Pfenninge Taback gekauft haben soll. Allein die Pfenninge, die der Herr von *Ludewig* gefunden, sind würkliche Pfenninge von der Stadt Buchhorn, darauf ein Horn und eine Buche stehet, die er für ein Hirtenzeichen angesehen hat. Die Münze des Ludovici Bavari ist keine ReichsMünze, sondern er hat sie seiner Gemahlin, die Erbin von Holland und Seeland war, zu Ehren schlagen lassen. Es stehet
darauf

darauf neben dem Adler folgende Umschrift: Christus vincit, Ghristus regnat, Christus imperat. Zu den goldenen Münzen gehören auch die bey Crönungen ausgeworfene Münzen, davon man goldene nicht eher, als röm Maximiliano, findet, darauf sein Wahlspruch: Tene Mensuram, stehet. Von den Rheinischen Churfürsten, Maynz, Trier, Cöln, und Pfalz, und dem Landgrafen von Hessen, haben wir viele Goldgülden mit ihren Wapen. (IIII.) Die Portugiesen haben uns das meiste ausländische Gold in Teutschland gebracht. Sie haben auch viele Goldgülden unter dem Könige Emanuel geschlagen; und die meisten Goldmünzen zu zehen Ducaten, die man von Portugal Portugalöser nennet. Man schlägt sie auch zu dreyßig Ducaten. Man schlägt auch das Bildnis des heiligen Francisci Xaverii darauf, weil derselbe viele Indianer bekehret, mit der Umschrift: Zelator Fidei usque ad Mortem. Die Münze des Königs Sebastiani ist auch sehr rar. Es ist darauf das Creutz Christi, mit der Umschrift: In hoc Signo vinces. Die letzte Portugallische Goldmünze ist von Alfonso VI. den sein Bruder Don Petro gestürzet, und seine Münzen einschmelzen lassen. (V.) Unter den Spanischen Goldmünzen hat man eine

rare

rare von Ferdinando Cathólico, der die Elisabeth von Castilien, und mit ihr gantz Spanien, erheyrathete. Als er nun auch die Mauren bezwungen, so solte ihn der Pabst Alexander VI. Christianismum nennen. Da nun der König von Frankreich schon diesen Titul hatte, so solte er den Namen Catholicus behalten, den die Könige, da sie von den Arrianern abgetreten, erhalten haben. Ferdinandus Catholicus wagte es, und nahm den Titel selbst auf seinen Goldmüntzen an, und setzte darauf: Triumphator & Catholicus Christianissimus. Der Ducate, den die Johanna, des Kaysers Caroli V. Mutter, allein schlagen lassen, ist auch sehr rar. Sie war für Betrübnis unsinnig, und könte nicht regieren. Eine Spanische Faction erhielt sie noch auf dem Thron, und ließ sie Müntzen schlagen. Kayser Carolus V. vertrieb sie aber bald: Nachher stand immer Johanna und Carolus auf den Müntzen. Johanna starb hernach erst anno 1555. (VI.) Unter den Frantzösischen Goldmüntzen ist diejenige sehr rar, die die Königin Blanca, des Königs Ludovici VIII. Gemahlin, als Vormünderin ihres Sohns Ludovici VIIII. schlagen lassen, weil sonst in Frankreich kein Frauenzimmer regieret. Die frantzösische *Agnetels* sind auch sehr rar. Es stehet das

Lamm GOttes darauf. Man hat sie zu der Zeit schlagen lassen, als die Engelländer sich auch des französischen Wapens angemasset. Die Münze des Königs Henrici V. in Engelland, der König in Frankreich ward, und von dem alle Könige in Engelland die Benennung eines Königs in Frankreich erhalten haben, ist auch sehr selten anzutreffen. Der Ducate des Ludovici XII. auf den Pabst Julium II. mit der Umschrift: Perdam Babylonis Nomen, ist auch sehr selten zu finden, und wird wohl mit zwölf Ducaten bezahlet. Die Catholicken verläugnen diese Münze sehr gern. Der Herr Liebe, Oberaufseher über das Gothische Münz-Cabinet, hat sie sehr schön beschrieben. (VII.) Unter den Englischen Goldmünzen sind die Rosinobel merkwürdig. Man hat davon alte und neue. Die ersten hat der König Eduardus III. Victor Franciæ, schlagen lassen von anno 1327. bis 1377. Es hat uns dieses ein Englischer Schriftsteller, *Knigton*, berichtet. Auf der einen Seite stehet ein Schif mit des Königs Namen; auf der andern eine grosse Rose mit dem Spruch Joh. 4. v. 30. *Seldenus* in mari Clauso meinet, sie hiessen deswegen Rosinobel, weil noble κατ᾽ ἐξοχήν Goldmünzen genannt würden. Guilielmus *Budæus* nennet sie nobiles Rosatos.

Daß

Daß sie von der groſſen Faction der rothen und weiſſen Roſen den Namen haben ſolten, iſt falſch, weil die erſt anno 1453. angegangen. Sie ſind auch von den älteſten Zeiten 6. Rthlr. werth, und gehen 32. auf eine Mark Goldes. Einige meinen, ſie wären aus Alchimiſchem Golde gemacht, da Raymundus *Lullus* die Engelländer das Goldmachen gelehret. Man hat ſie aberglaubiſch angeſehen, da man gemeinet, ſie machten Hieb- Stich- und Schuß- frey. Alle Könige von Engelland haben einige gepräget. Von 1500. an komt aber auf der einen Seite der König, und auf der andern ein Schif, und unten und oben eine Roſe. Die Königin Eliſabeth hat ſie zuletzt ſchlagen laſſen. Von Eduardo III. haben wir noch rarere, und eine auf die Schlacht bey Grescy, mit der Umſchrift: Exaltabitur in Gloria. Vom Eduardo VI. findet ſich eine Münze von anno 1459. von zwey Ducaten, mit dem Spruche: Timor Domini Fons Vitæ meæ. Die Königin Maria hat kleine Nobel ſchlagen laſſen, mit der Umſchrift: Roſa ſine Spina; und noch eine kleine mit der Umſchrift: Feritas Temporis Filia. Als ſie den König Philippum II. geheyrathet, ſo ſtehet darauf: Philippus & Maria R. Angliæ, Franciæ, Neapoli; auf der andern Seite die

Um-

Umschrift: Posui Deum in Protectorem meum. Die Königin Elisabeth ließ auch eine Münze mit der Umschrift: Scutum Fidei proteget eam, schlagen. Ihr unglücklicher Nachfolger Jacobus, auf welchen man den Vers gemacht: Rex erat Elisabeth, nunc est Regina Jacobus, ließ viele Münzen mit der Umschrift: Quæ Deus conjunxit, Nemo separet; und mit der Umschrift: Tueatur unita Deus, schlagen. Nach der Enthauptung des Carls Stuarts ließ das Parlement viele Münzen schlagen. Cromwel ließ Münzen mit seinem Bildnis und Wapen schlagen, mit der Umschrift: Pax quæritur Bello. Unter den Englischen Goldmünzen hält man des Prinzen von Wallis, Eduardi, zu Bourdeaux geschlagene Münzen für rar. Er stehet darauf, und neben ihm: Eduardus P. O. G. N. S. Reg. Angl. (i. e. primogenitus Regis Angliæ,) Dux Aquitaniæ, und die Umschrift heißt: Deus Judex justus, fortis, patiens; und als diese ausgegangen, heißt sie: Deus Adjutorium meum & Protectio, in illum sperabo. (VIII.) Von Schottländischen Goldmünzen findet man von Jacobo V. die ersten, mit der Umschrift: Honor Regis Judicium diligit. Seine Tochter Maria, ließ nebst ihrem Gemahl, dem Könige Francisco, eine Münze schlagen, mit der Umschrift: Exsurget furget Deus, & diſſipentur Inimici ejus. (VIIII.) Unter den Dänischen Goldmünzen ist diejenige die rareste, die Chriſtiernus III. anno 1647. bey Gelegenheit der zu Küngsberg gefundenen Silbergrube von dem Caſpar Harpach hat schlagen laſſen; da auf dem Ducaten des Königs Bildnis, und eine Brille mit der Umschrift: Vide Mira Domini, stehet; daher sie Brillen-Ducaten genannt werden. Conf. *Oligerii* Muſeum Regium Danicum. *Holbergs* Dänische Staatsgeschichte. Den andern ließ der König anno 1648. bey dem schleunigen Einbruch des Schwedischen Torſten-Sohns schlagen, mit der Umschrift: Juſtus Jehovah Judex. Nachher ist noch Chriſtiani V. Ducate merkwürdig, der anno 1698. des Herzogs von Hollſtein Schleßwig Schanzen niederreiſſen laſſen; deswegen er auf den Ducaten die Hollmer-Schanze setzen ließ, mit der Umschrift: Supremus Labor Inconſtantiæ. Dieſe Worte zielten auf den Wahlspruch des Herzogs: Labore & Conſtantia. (X.) Unter den Schwediſchen Goldmünzen ist diejenige merkwürdig, die der König Erich XIII. anno 1568. schlagen laſſen. Auf der einen Seite dieſes Ducaten stehet des Königs Bildnis, und auf der andern eine Landſchaft, da in den Schos einer Weibsperſon ein Scepter fällt mit der Umschrift:

Dat, cui vult. Er ließ ihn auf seine Hochzeit mit seiner Maitresse, einem gemeinen Mädgen, schlagen; und wolte damit gleichsam alle Prinzeßinnen, die ihm den Korb gegeben hatten, beschimpfen. Als er aber nachher ins Gefängnis geworfen ward, so wurden diese Ducaten eingeschmolzen. (XI.) Die Polnische Ducaten fangen sich sehr spät an, und haben wenig merkwürdiges. Ich verstehe aber nur die, die die Könige selbst schlagen lassen; nicht der Stadt Danzig, Thoren, u. s. w. ihre. Der erste ist von dem Könige Alexandro, mit des Königs Bildnis, und einer Umschrift neben dem heiligen Stanislao: Sanctus Stanislaus Episcopus. Der König Stanislaus ließ einen Ducaten schlagen, mit der Umschrift: Florebit Justus ut Palma. Mit Wladislao IIII. anno 1637. fiengen sich die Crönungsmünzen an. Es stehet darauf der König an einer Pyramide, und darum: Honor Virtutis Præmium. Von der Zeit an hat man sie bis auf den gegenwärtigen König Augustum in vollkommener Ordnung.

Von silbernen Münzen führet eine Currentmünze den Namen der Thaler, welche zu Ausgang des fünfzehenten Sæculi aufgekommen sind. Sonst waren die Groschen,
und

und in Frankreich die Turnosen, die gröste Silbermünzen. Man war darauf bedacht, eine Münze von Silber zu schlagen, die den Goldgülden gleich wäre. Die erste sind die Tyrolische *Joachimici* zu Botzen, da der Erzherzog Sigismundus von Oesterreich regierte. Dieser ließ eine dicke Silbermünze schlagen, die er Güldengroschen nannte, worauf er sein Bildnis setzen ließ. Dieses geschahe anno 1484. Nachher ließ er auch einige von einem Loth machen. Aus der Mark Silber von 16. Loth wurden 8. geschlagen; aber nicht von purem Silber, sondern 8. Stück hatten nur 15. Loth am Silber, das übrige war von Kupfer, und das nannten sie den Münzschlag. Viele Herren haben diese nützliche Münzen nachschlagen lassen. Der Graf von Schlick, der Koderthal inne hatte, ließ davon aus dem vielen Silber anno 1518. die Joachims-Thaler mit seinem Wapen schlagen. *Matthesius*, der Prediger daselbst war, handelt in seiner Sarepta davon. Die Schlickelische Thaler waren hernach aber so beschaffen, daß bey 8. Stück nur 14. Loth Silbers ist. Lateinisch werden sie *Numi unciales* genannt, weil ein ächter Thaler so viel wägen muß. Wir wollen sie nun nach den verschiedenen Ländern nacheinander durchgehen. (I.) In Teutschland haben wir sowohl von Kayser, als auch von den Reichsständen, Thaler, und zwar von keinen Reichsständen mehrere, als von den beyden Häusern, Sachsen und Braunschweig-Lüneburg. In dem Teutschen Thalerfache eines Münz-Cabinets müssen sie ordentlich nach den Ständen rangiret werden. Man siehet auch sehr gern zu, daß man die Suiten von den Thalern kriegt. Die Kayserliche Thaler fangen sich von Maximiliano I. an, und gehen bis auf den jetzigen Kayser. Von Carolo V. ist aber kein Thaler vorhanden, den er selbst hätte prägen lassen; weil er in Teutschland kein Dorf besaß, sondern seinem Bruder Ferdinando alles abgetreten hatte. Die Reichsstände haben wohl sein Bildnis auf Thaler gesetzt. Weil es unmöglich ist, alle Suiten in einem Münz-Cabinette durch zu sehen, so hat man hauptsächlich auf die rarestenAcht zu geben. Unter die raren Thaler in Teutschland gehören also 1) die Thaler der Bischöffe und Aebte; diese sind sehr hoch zu achten, weil sie wenige schlagen lassen. 2) Alle Thaler, die vor dem Jahr 1530. geschlagen worden, sind auch sehr rar; denn nachher sind die Thaler auf 13. Loth herunter gesetzt worden. Ferner 3) die Thaler mit vielen Köpfen, ausgenommen die Sächsische. 4) Die Thaler solcher Fürsten,

sten, deren Häuser ganz ausgestorben sind, z. E. der gefürsteten Grafen von Henneberg; weil sie von den Nachfolgern eingeschmolzen worden. 5) Die Thaler derjenigen Herren, die kurze Zeit regieret haben. 6) Die Thaler derjenigen Fürsten, die unglücklich gewesen sind. Dahin gehöret z. E. der Gebhard, aus dem Hause der Truchseße von Waldburg, Churfürst zu Maynz, der eine Gräfin von Mansfeld schwängerte, und dieselbe heyrathen wolte, aber von Land und Leuten verjagt wurde; er ließ anno 1583. einen Thaler schlagen, mit der Umschrift: Tandem bona Caussa triumphat. Dahin gehöret auch der Churfürst Fridericus III. von der Pfalz, der die Englische Prinzeßin heyrathete, und als König von Böhmen im Exilio sterben muste; seine Thaler sind fast alle eingeschmolzen worden. 7) Die Thaler, die grosse Herren einander zum Schimpf schlagen lassen, sind auch sehr rar. Dahin gehöret der Thaler des Churfürsten von Brandenburg Friderici Wilhelmi, den er damals schlagen ließ, als er vom Rhein zurück gekommen war, und die Schweden, die ihm unter Carolo XI. fast ganz Brandenburg weggenommen hatten, wieder zurück schlug; auf der einen Seite desselben stand der Churfürst vor einer Armee,

mee, und auf der andern eine Inscription, da er die Schweden septimestres Prædones nannte; er muste sie aber einschmelzen lassen. Es gehöret auch dahin der Thaler des Herzogs Carl Emanuel von Savoyen, da er Frankreich die Markgrafschaft Saluzi weggenommen; auf der einen Seite stehet sein Brustbild, und auf der andern ein Centaurus mit dem Bogen und auf eine Kr. tretend, mit der Umschrift: Opportune. Als aber der König in Frankreich, Henricus IIII. ihm Saluzi wieder wegnahm, so ließ er einen Thaler schlagen, worauf der Hercules mit der Keule einen Centaurum todschlug, mit der Umschrift: Opportunius. 8) Unter den Kayserlichen Thalern werden besonders zween für rar gehalten. Der Kayser Maximilianus II. hat seinen Vorfahren zu Ehren, Maximilianum I. Carolum V. und Ferdinandum, auf einen Thaler prägen lassen. Auf einem sahen sie rechts, und auf dem andern links. Sie kosten zusammen 25. Rthlr. 9) Unter allen ist aber kein Thaler so rar, als der Heßischer Philipps-Thaler Philippi Magnanimi, mit der Umschrift: Besser Land und Leut verlohren, Als einen falschen Eyd geschworen. 1552. Als der Landgraf aus seiner langwierigen Gefangenschaft gelassen werden solte, so solte er sich dem interim

oder

oder dem Catholischen Verlangen, unterwerfen. Als er wieder frey kam, ohne dieses einzugehen, so ließ er den Thaler schlagen. Auf der einen Seite stehet sein Brustbild, und auf der andern 5. Heßischen Wapen. Es stehen zwischen den Schildgen die Buchstaben: P. S. E. D. S. d. i. Parcere Subjectis Et Debellare Superbos. Dieser Thaler ist aber sehr vielfältig nachgeprägt und nachgeschlagen worden. Daher jemand die Buchstaben so ausgelegt hat: Stelle Ein Dein Schelmisch Prägen. Die Gelegenheit zu diesem Thaler ist folgende gewesen. Als der Herzog von Braunschweig-Wolfenbüttel, Augustus, der Stadt Goslar allen Verdruß that, so belagerten ihn der Landgraf Philipp und der Churfürst Johann Friderich in Wolfenbüttel, und nahmen den Harz ein. Von dem Silber, das sie eroberten, liessen sie den Thaler schlagen; auf einer Seite mit Churfürst Johann Friderichs Bildnis, und auf der andern die Ueberschrift: Parcere Subjectis & debellare Superbos; welcher zu dem würklich falschen oben angeführten Heßischen Thaler Gelegenheit gegeben hat. 10) Der Herzog Christian von Wolfenbüttel, ein Anhänger des Pfalzgrafen Friderici III. fand in Paderborn, als er daßelbe plünderte, in einer Kirchen den HErren

Christum

Christum mit den zwölf Aposteln in Silber gegossen. Er ließ Thaler davon prägen, auf deren einen Seite sein Bildnis stehet, mit der Umschrift: GOttes Freund, der Pfaffen Feind; auf der andern ein geharnischter Arm, mit der Umschrift: Tout avec Dieu. Er verlohr hernach seinen Arm, welches die Pfaffen als eine Strafe wegen des geschlagenen Thalers auslegten. Als die Händel mit dem Bischof von Münster wegen der Stadt Höckster angiengen, so ließ der Herzog Anton Ulrich den Stempel aufsuchen, und, an statt der anderen Seite mit dem geharnischten Arm, stehet eine Pfaffenmütze auf einem Schwerd. 11) Als der Pfalzgraf Friderich König in Böhmen wurde, so ließ er anno 1620. Thaler schlagen, mit dem Titel: Fridericus Dei Gratia Rex Bohemiæ. Das D stand verkehrt darauf, obgleich der Stempel ein rechtes hatte. Man hatte aber zween Stempel. 12) Unter allen Fürsten im Römischen Reiche haben die beyde Häuser, Sachsen und Braunschweig-Lüneburg, die meisten Thaler schlagen lassen, weil sie, nach den Tyrolischen, die besten Silbergruben haben. Zwey Suiten sind unter den Braunschweigischen merkwürdig. *Henricus Julius* hatte Lerm mit dem Adel, der sich zur Stadt Braunschweig schlug, die eine freye

Reichsstadt seyn wolte. Er ließ 6. Symbolische Thaler schlagen. Der erste heißt der Rebellen-Thaler, auf dessen einer Seite der Herzog als ein wilder Mann stehet, mit einem Hunde unter den Füssen; und auf der andern Seite wird die Rotte Kora, Datan, und Abiran, vorgestellet. Der zweyte heißt der **Lügen-Thaler**, darauf stehet: Hüte dich vor der That, der Lügen wird wohl rath. Der dritte heißt der **Wahrheits-Thaler**, worauf stehet: Veritas vincit omnia. Der vierte heißt der **Mücken-Thaler**, auf welchem ein Löwe die Mücken verschlägt. Der fünfte heißt der **Eintrachts-Thaler**, auf welchem ein Löwe sich mit dem Bären vereinigt. Der sechste heißt der **Patrioten-Thaler**, worauf ein Pelikan stehet. Der Brillen-Thaler wird, als der siebente, auch mit dazu gerechnet, auf welchem ein wilder Mann auf eine Brille tritt. 13) Die sieben Glocken-Thaler sind auch sehr rar. Der gelehrte Herzog August ließ sie schlagen, weil er in Auslieferung der Festung Wolfenbüttel aufgehalten wurde. Auf dem ersten stehet eine Glocke ohne Kleppel, da er des Königs Versprechen durch vorstellen wolte; nachher ließ er den Kleppel ohne Glocke darauf schlagen, und deutete damit das wiederholte Versprechen des Königs an;

ferner ließ er die Glocke mit dem Kleppel, aber unangezogen, schlagen; und endlich kam auch die Glocke mit dem Kleppel angezogen. Neulich sind sie in Hamburg für 81 Rthlr. verkauft worden. Der rareste ist der dritte, mit dem Worte: Gloria. Daher einige Betrüger das Wort auf Glocken-Thaler geprägt haben. Ich habe aber doch gefunden, daß der Thaler würklich vorhanden gewesen sey; da ich des Herzogs eigenen Brief zu Wolfenbüttel gelesen. Es hat darauf stehen sollen: Gloria in excelsis Deo, da er GOtt für die Ablieferung Wolfenbüttel danken wolte. Es muß daher auf ächten Glocken-Thalern Gloria In Excelsis Deo stehen; sie sind aber oft verschliffen. Der Herzog hat sie auch in halben Thalern und halben Gülden schlagen lassen, da er immer an seinem Geburths-Tage neue Thaler schlagen ließ, und auch an den geringsten Hofbedienten austheilte. 14) Unter die raren Thaler gehören auch die sogenannte Juliuslöser. Der Herzog Julius von Braunschweig-Wolfenbüttel, der die Universität Helmstädt gestiftet, und ihr den Namen gegeben hat, bekam von den Harzgruben viele Silber-Ausbeute, daß er eine gewisse Summe Geldes schlagen lassen, und unter das Volk verwechseln, das Geld dafür aber aufbewahren

wahren wolte. Er ließ Thaler zu 5. Rthlr. auch einige zu 2½ Rthlr. schlagen, auf deren einen Seite sein Bildnis, und auf der andern die zwölf Himmelszeichen standen, mit einem vierfachen Rande. Er vertheilte sie unter allen Unterthanen. Es findet sich aber heut zu Tage kein Stück mehr davon. In Hamburg ist eins von 5. Rthlr. vor 8. Rthlr. verkauft worden. 15) Des Herzogs Ernst zu Gotha, den man den Beth-Ernst nannte, seine sechs Cathechismus-Thaler werden auch für sehr rar gehalten. Er hat viele schöne Anstalten zur Verbesserung der Kirchen gemacht. Wenn er Kirchen-Visitation hielte, so hatte er Thaler, mit den Hauptstücken des Cathechismus, die er unter die alten Leute, die im Cathechisiren wohl bestanden, austheilete. Einer war einen Rthlr. werth. Dieser Herr war sehr gütig. Einst muste er, da ihm der Wagen zerbrach, zu einem Prediger gehen, und bey demselben übernachten. Dieser Prediger hatte schlechte Bücher, und die Bibel war sehr bestaubt; in dieselbe legte der Herzog einen Ducaten. Hernach kam er wieder und fragte den Prediger, ob er auch fleißig in der Bibel läse? Und da dieser ja antwortete, so fragte er ihn, ob er denn auch was darinnen gefunden habe? Da er nun das nicht gethan, so gab er ihm einen

derben

derben Verweis. 16) Der Graf David von Mannsfeld hat anno 1612. einen Thaler schlagen laſſen, der auch ſehr rar iſt, auf der einen Seite deſſelben ſtehet der Ritter St. Georg mit dem Lindwurm, und auf der andern des Grafen Wapen, mit der Umſchrift: Bey GOtt iſt Rath und That. In dem Türckenkriege war ein Sächsiſcher Obriſter Liebenau, der den Thaler nebſt anderm Gelde bey ſich hatte. Er war mit einer Kugel geſchoſſen, die ſich auf dem Thaler zerplatzt hatte. Daher man meinte, der Thaler mache feſt; und die Officiers wechſelten ſich alle ſolche Thaler ein. 17) Die Wallenſteiniſche Thaler gehören auch hieher. Es iſt bekannt, daß der Kayſer den Albrecht von Wallenſtein wegen ſeines Kriegsglücks Anfangs zum Grafen, nachher zum Herzogen von Friedland, und endlich anno 1629. zum Herzogen von Mecklenburg und Admiral der Oſt-See erklärte. Er war der Jüngſte der Familie, und bekam nur eine kleine Penſion. Er machte ſich daher bey einer alten reichen Wittwe beliebt, heyrathete ſie, und als ſie ſtarb, ſo warb er ſich eine Compagnie, kriegte ein Regiment, und ward endlich Generaliſſimus. Von 1621. bis 1629. ließ er verſchiedene Münzen ſchlagen, die aber nachher der Kayſer, als er ihn als einen

Rebel-

DE NUMOPYLACIIS. 127

Rebellen erwürgen laſſen, einſchmelzen ließ. Ich habe ſieben davon entdeckt, die er als Herzog von Friedland hat ſchlagen laſſen. 18) Der Wiedertäufer-Thaler iſt noch rarer. Es iſt bekannt, daß anno 1533. eine Wiedertäufer-Rotte ſich in Münſter in Weſtphalen einfand, die auch die Communionem Uxorum unter ſich hatten. Ein Schneider, Johann von Leyden, warf ſich zu ihrem Könige auf. Er ließ Thaler ſchlagen, auf deren einen Seite der Spruch ſtand: Das Wort ward Fleiſch, und wohnete unter uns; auf der andern: Wer nicht wiedergebohren iſt aus Waſſer und Geiſt, der kan das Reich GOttes nicht erben. Es ſind keine Bilder darauf, ſondern lauter bibliſche Sprüche, und zwar in Nieder-Sächſiſcher Sprache. Dieſe Wiedertäufer-Thaler, die der Johann von Leyden ſelbſt ſchlagen laſſen, ſind ſehr rar. Der Biſchof von Münſter ließ nachher zum Gedächtnis ſein Bildnis auf Münzen ſchlagen, die ſind nicht ſo rar. 19) Der ſogenannte Interims-Thaler gehöret auch hieher, den die Stadt Magdeburg anno 1550. ſchlagen laſſen. Nachdem der Kayſer Carolus V. den Schmalkaldiſchen Bund zerriſſen, ſo war er doch nicht im Stande, die Evangeliſche Lehre zu zerreiſſen. Als er anno 1548. zu Augſpurg auf dem Reichs-Tage war,

war, so war er darüber ganz verdrießlich. Pfalzgraf Friedrich klagte es seinem Rath. Dieser sagte, der Kayser hätte mit Geistlichen, mit Fürsten, und mit dem gemeinen Volke zu thun; einem jeden von denselben müste er was einräumen, den Geistlichen die Heyrath, den Fürsten die eingenommene Länder, und dem gemeinen Volke das Abendmahl unter beyderley Gestalt. Der Kayser that dieses, als es ihm der Pfalzgraf sagte, und publicirte es unterdessen, daß ein Concilium beschleunigt werden solte, und das wurde Interim genannt. Besonders trauete die Stadt Magdeburg diesem Interim nicht. Sie ließ den obgedachten Thaler schlagen, auf dessen einer Seite stand die Taufe Christi: Dieses ist mein lieber Sohn; und auf der andern ein greuliches Monstrum, das die päbstliche Crone hielt, mit der Umschrift: Packe dich Satan, du Interim. Den Kayser verdroß dieses sehr, daher er die Stadt in den Ban that, und sie belagern ließ. 20) Es gehören auch hieher die Brömbsen-Thaler, die die Stadt Lübeck unter dem berühmten Burgermeister, Nicolaus Brömbsen, schlagen lassen. Auf dessen einer Seite stehet ein wilder Mann, der das Wapen der Stadt Lübeck hält, und unten eine Brömse; auf der anderen Seite stehet Caroli V. Wapen.

Wapen. Conf. Joannis Henrici *a Seelen* Abhandlung de Numo Lubecenſi Dicto Brömbſen-Thaler. Es iſt aber erweißlich, daß die Brömſe ein Münzmeiſters Zeichen geweſen. Daß ſie den Burgermeiſter nicht vorſtellen ſollen, ſiehet man auch daraus, weil noch lange nach ihm in Lübeck ſolche Thaler geſchlagen worden. Der rareſte iſt von anno 1535. 21) Des Churfürſten in Sachſen Johann Georgs anno 1557. geſchlagene Vicariats-Thaler ſind auch rar. Der Churfürſt iſt darauf zu Pferde, und um ihn ſtehet ſein Wahlſpruch: Deo & Patriæ. Die ungeſchickte Leute haben das Wort Deo bey dem Schwanz des Pferdes, und das Wort Patriæ weiter hin geſetzt. Der Churfürſt ließ hernach Deo bey den Kopf, und Patriæ bey den Schwanz ſetzen. 22) Die Thaler, die aus chymiſchen Silber ſollen geſchlagen ſeyn, ſind auch rar, und beſonders der, den der Landgraf von Heſſen anno 1717. ſchlagen laſſen. Conf. *Reyher* de Numis ex Argento chymico factis. (II.) Von Spanien findet man keine Thaler eher, als von Ferdinando catholico und Eliſabetha, und zwar Stücke von achten. Er nannte ſich darauf Archiducem Auſtriæ. (III.) In Franckreich hat man die Thaler *Teſtons* genannt. Der erſte iſt von dem letzten Va-

J   leſiſchen

lesischen Könige Carolo VIII. und stehet darauf eine nette Handschrift. Die französische Thaler sind die zierlichsten. Man hat in Frankreich das Druckwerck erfunden, und sie nicht mehr mit Hämmern geschlagen. (IIII.) In Engelland heissen die Thaler Kronen. Der König Eduardus VI. hat sie anno 1551. und 1552. am ersten schlagen lassen. Es stehet darauf: Posui Deum in Adiutorem meum. Anno 1668. hat Cronwel auch schöne Kronen prägen lassen, da er den Titel von Frankreich ausgelassen. Es stehet darauf die Umschrift: Pax quæritur Bello. Die Randschrift heißt: Has (Litteras) mihi, nisi periturus, adimat Nemo. Sie sind wohl gerathen. Nur ist ein Sprung darin über des Cronwels Bild bis an Nemo. Da das Wort Nemo zurückgelesen Omen heißt, so könnte man es auf ihn deuten, weil er nachher ausgegraben und aufgehenkt worden ist. Man hat aber einen andern Cörper für seinen angesehen, da der seine von den Würmern schon längst verzehret war. Conf. Aveus *Apronius* in seiner Reisebeschreibung, welcher einen dieser Thaler für 20. Kronen verkauft hat. (V.) In Italien sind die päbstliche *Scudi* wohl zu bemercken, die sehr schön, rar, und merckwürdig sind. Die päbstliche Thaler haben,

wegen

wegen ihres schönen Schnitts, vor allen andern den Vorzug, da sich die Päbste recht damit wollen sehen lassen. (VI.) In Schweden ist es keinem Privato erlaubt, Geld prägen, oder auch nur ein Schaustück prägen, zu lassen. Der grosse Schwedische Canzler Oxenstirn ließ aber doch einen schönen Thaler schlagen, und gab vor, es wäre in Teutschland ihm zu Ehren geschehen. (VII.) Die Rußische Monarchen haben unter allen Europäern die ordentliche Art zu münzen angenommen. Daher kein Rubel älter ist, als von Zaar Peter dem Ersten. Der rareste ist von der Schlacht bey Pultawa, und der allerrareste der confiscirte Thaler vom kleinen Ivan. (VIII.) Von Türckischen Löwen-Thaler höret man viel.. Es hat damit diese Beschaffenheit. In der Türckey wird der Tribut in lauter auswärtigen Thalern bezahlet. Zuerst kamen die Böhmische Thaler mit Löwen, nachher auch die Flandrische Thaler mit Löwen, hinein; daher sie alle Thaler von gleichem Gewichte Löwen-Thaler nennen.

Die *Medaillen* sind Münzen, die nicht zum ausgeben, sondern zum Andencken sonderbarer Begebenheiten, geschlagen worden. Sie haben von den Italiänern, da sie in fünfzehenten Sæculo aufgekommen sind, den Namen erhalten. Die Gold- und Silberarbeiter, die in Ton oder Wachs eine zierliche Figur entwerfen konten, fiengen an, auch eine Art von Münzen zu machen. Sie stelleten die Bilder der grossen und berühmten Männer in Italien vor; und wenn der Guß nicht geraten war, so putzten sie ihn mit dem Grabstichel aus. Vor dem Jahr 1400. findet man aber keine. Der Lisunellus, Spiranteus, und viele andere, machten den Anfang. Wer aber der erste gewesen, kan man nicht zuverläßig anzeigen. Man nennet sie auch Contrefait-Münzen, Numos imaginarios, und iconicos. Sie waren alle von Goldschmieder Arbeit. Daher diese auch als ein Meisterstück solche liefern müssen. Die Goldschmiede wolten es auch den Eisenschneidern nicht verstatten. Unter allen alten Medaillen wird die für die rareste gehalten, die der König in Frankreich Carolus VII. anno 1457. schlagen lassen auf den verbesserten Zustand des Kriegswesens. Es stehet darauf: Gallia militibus priscis reparata rebus, und: Rex tuus, ut vincit, non petit hostis inire. Die Medaille, die der Pabst Paulus IIII. anno 1466. schlagen lassen, ist auch sehr rar. Nachdem die Franzosen die Presse erfunden, so wurden

den die Medaillen auch weit schöner, als durch den Schlag. Man giebt insgemein vor, die Medaille, auf welcher Johann Huß auf dem Scheiterhaufen sitzt, sey die älteste. Sie ist aber erst zu Luthers Zeiten gemacht worden. Die Franzosen haben die Medaillen auch sehr schön verbessert. Diejenige, die Medaillen sammlen, haben verschiedene Methoden, so wie man die Medaillen verschiedentlich eintheilen kan. Sie sind theils publica, theils privata auctoritate, geschlagen worden; sie sind auch nach ihrer Grösse verschieden; man kan sie auch nach den Künstlern; und am allerbesten nach den Völkern, eintheilen. Wir wollen diese Eintheilungen durchgehen. Man theilet also die Medaillen (I.) in *publicas* und *privatas* ein. Man hat erst sehr spät daran gedacht, publica auctoritate Medaillen schlagen zu lassen. Die Päbste haben den Anfang damit gemacht. Doch hat man auch päbstliche Medaillen, die privata auctoritate geschlagen worden. Denn das war vor dem allenthalben erlaubt. Herzog Ernst August hat es erst in seinen Landen verbotten. Man theilet die Medaillen (II.) nach ihrer Grösse ein. Diejenige, die eine ausserordentliche grosse Form haben, werden *Medaillons* genannt. Die Grösse unterscheidet auch überhaupt insgemein die Medaillen von den gangbaren Münzen, da sie ursprünglich nach ihrem Zweck immer grösser sind, und finden wir es schon bey den Römern. Daher werden in Italien die Medaillen gemeiniglich durchgebohret und aufgehangen. Man hat aber wohl auf die gegossene und geprägte acht zu geben. Der Guß hatte allerdings auch seine Schwierigkeiten, wegen der Einfassung, damit die Form nicht zersprang, und wegen des accuraten Abdrucks. Grosse Stücke konnten nun unmöglich mit dem Hammer gepräget werden. Man fieng zwar an, durch eine Presse die Medaillen und Thaler zu drucken. Dieses hatte aber auch seine Schwierigkeiten. Wir wollen nun einige Medaillen von ausserordentlicher Grösse erzehlen. Es gehören dahin 1) die Medaille, die der König von Dännemark, Christianus V. anno 1677. prägen lassen, als er in einem Jahr dreymal die Schweden überwunden. Es stehet auf der einen Seite derselben die See-Schlacht, mit den Worten: Sic Godani turbas conciliasse juvat; und auf der andern des Königs Bildnis. Sie wird wegen ihrer Grösse billig für ein Wunderwerk gehalten. 2) Der König von Preussen hat anno 1690. eine noch grössere Medaille schlagen lassen, da ihn jeder Stempelschnitt 1500. Rthlr. gekostet.

gekostet. Er ließ darauf setzen: Pro. Deo & Miles. Dieses hat man ihm für einen Fehler ausgelegt. Es kan aber auch heissen: Auch der Soldat dienet GOtt. Sie ist anno 1733. geändert worden. Man hat sie in Silber zu 4. Rthlr. und in Gold zu 5. bis 600. Ducaten. 3) Als Caroli VI. Gemahlin Elisabeth anno 1716. mit dem Erzherzogen Leopold entbunden ward, so liessen die Stände in Brisgau, durch den Abt zu St. Blasii eine gar ausserordentlich grosse Medaille, die 16. Mark Goldes wog, und 8430. Gulden kostete, überreichen. Dieses ist die gröste in der Welt. Drey sind nur von Silber gegossen. Eine kupferne ist zu Gotha. Man theilet die Medaillen (III.) nach den Künstlern ein. Diese Eintheilung ist nicht in Münz-Cabinettern, sondern nur bey Eisenschneidern und Medailleurs, anzutreffen. Zu einer solchen Sammlung gehören lauter Originalia; und es ist sehr kostbar, alle Stücke eines Meisters zu haben. Daher die Künstler von einem jeden nur einige zu erlangen suchen. Die Italiänische Künstler werden vor allen hoch gehalten. Travano, Lucenti, Ortolani, u. a. m. sind sehr berühmte Meister gewesen. Heut zu Tage floriren die Hamerani zu Rom sehr darin. Unter den Französischen floriret darin der

Varin,

Varin, der unter Ludovico XIII. die schönen Louis d'or geschlagen; der Cardinal Richelieu zog ihn aus Italien dahin. In Teutschland hat man den Sebastian Dadler jederzeit billig für einen sehr zierlichen Medaillen-Künstler gehalten; er hat die schöne Sterbemünze des Königs Gustav Adolphs geschnitten. Nach ihm folgen Müller und Westener. Heut zu Tage ist der Hedelinger, ein Schweizer sehr berühmt, wie auch Holzhain. Doch übertrifft sie der Schmelzing sehr weit. Carlstein und Pfalz haben es in Teutschland und Schweden am weitesten gebracht, und sie sind den französischen Künstlern ziemlich gleich gekommen. Die Franzosen schlagen einen erhabenen Stempel in ihre Münzen, daß also nicht leicht falsche gemacht werden können. Von Carlstein sind sehr schöne Stücke aus Schweden nach Cassel gekommen. Die Juden-*Medaillen* sind auch sehr merkwürdig. Zu Prag ist zur Zeit des Kaysers Rudolphi II. ein Jude gewesen, der ein geschickter Goldschmid war. Weil nun der Kayser die Künsten überhaupt, und besonders die Medaillen, sehr liebte, so kam der Jude auf den Einfall, Medaillen zu schlagen und für alte auszugeben. Die meiste wurden von Golde geschlagen, aber es war nur rund herum ein goldenes Blechgen, und in der Mitte ein Blech). Man verkaufte Stücke vor zehen Ducaten, die nur zween am Golde hatten. Der Münzer muste den Kopf darüber verliehren. Sie werden in historische und moralische abgetheilet. Er hat die alten Kayser abgebildet. Es sind ihrer in allem 21. Stücke von den vornehmsten, nemlich 15. historische und 6. moralische; mit alten Buchstaben. Sie sind sehr selten zusammen anzutreffen. Ich habe den Betrug selbst entdeckt. Man theilet die Medaillen endlich (IIII.) nach den verschiedenen Völkern ein, bey denen sie geschlagen worden. Diese Eintheilung ist die gewöhnlichste und beste, und nach derselben wollen wir also auch die Medaillen selbst durchgehen. 1) Die Päbste haben, wie oben schon angemerkt worden, den Anfang gemacht, ihre Thaten durch silberne und kupferne Monumenta zu verewigen. Sie hatten auch die schönste Gelegenheit dazu, da man in Italien die grösten Künstler hatte. Claudius *de Molinet* hat die päbstlichen Medaillen am ersten beschrieben. Nachher hat ein Jesuit zu Rom, Philippus *Bonanni*, dieselbe anno 1690. in zween Folianten noch besser, als *Molinet*, in Kupfer stechen lassen. Mit dem Pabst Martino V. fangen sich die päbstliche Medaillen an von anno 1417. Vor kurzem hat Bo-

dulti

dulti *Venuti* anno 1744. die päbstlichen Medaillen am besten beschrieben; von den 42. Päbsten, welche Medaillen schlagen lassen, hat er 347. Stücke zusammen gebracht; er hat die Current-Münzen von den Medaillen sehr wohl unterschieden; es sind aber keine Kupfer dabey; er hat auch vorher ein Maas der Medaillen gesetzt, und darnach die rechte Grösse allemahl angegeben. Die päbstliche Medaillen sind aber heut zu Tage sehr selten zu finden. In den neueren Zeiten haben sich die Hamerani im Medaillen-Schneiden hervorgethan, die von Ursprung Teutsche, und zwar aus München, sind. Die Päbste lassen ihre Medaillen fast alle in Kupfer prägen, und verschenken sie auch so. Einige wenige aber werden für grosse Herren von Gold und Silber geschlagen. Man hat die Historie der Päbste von dem heiligen Petro an in 244. Medaillen geschnitten. 2) Unter den französischen Medaillen sind diejenige sehr rar, die des Königs Ludovici XIII. Geschichte vorstellen. Die Academie, besonders *Dacier*, *Despreaux* und *Renaudaut*, machten die Inventiones, und hatten auch die Aufsicht darüber. Der berühmte Kopée muste die Medaillen zeichnen. Rettier, und andere, musten sie schneiden. Der König ließ sie auch schön in Kupfer stechen.

Und

Und so kam es anno 1702. unter dem Titel: Medailles sur les principaux Evenemens, und anno 1723. noch einmal heraus. Es ist das schönste Buch, das in der Welt seyn kan. Eine jede Medaille davon hat wenigstens 200. Rthlr. nur zu schneiden gekostet. Es haben verschiedene Herren dieses nachmachen wollen. Der König in Preussen wolte es thun, und ließ einige Medaillen schlagen; er hörte aber bald damit auf; der gelehrte *Kramer* hat sie in lateinischer Sprache sehr schön beschrieben, mit prächtigen Kupfern. In Schweden hat der berühmte Höpfling, ein Schweitzer, einige von dem Gustavo gemacht, wozu die Academie der Alterthümer die Inventiones hergegeben. Der Kayser Carolus VI. hat durch den Hereum, einen catholisch gewordenen Schweden, auch schöne Medaillen von sich schlagen lassen, die aber durch die Italiänische Kriege unterbrochen worden. 3) Von Portugiesischen Medaillen sind wenige Nachrichten. Es ist, so viel man weiß, nur eine bey der Stiftuug der Academiæ Lusitanicæ geschlagen, worauf der König die kniende Historie aufhebet, mit der Umschrift: Historia resurgens. 4) Von Spanien sind nur Philippi II. und Caroli II. Medaillen vorhanden. Conf. *Herrgott* in

Numo-

Numotheca Auſtriaca. 5) Die Franzoſen (vide N. 2.) ſind ſorgfältiger geweſen, die Thaten ihrer Könige in Medaillen aufzuzeichnen. Conf. *Bier* Francia metallica, der aber niemals die rechte Gröſſe, auch nicht, ob ſie publica oder privata auctoritate geſchlagen worden, anzeiget. 6) Die Engliſche Medaillen fangen ſich erſt mit der Königin Maria, Henrichs des Achten Tochter, an. Unter der Königin Eliſabeth ſind ſie zahlreicher worden, wozu die glückliche Regierung dieſer Königin Anlaß gab. Beſonders iſt die Medaille rar, die ſie anno 1588. auf die Beſiegung der unüberwindlichen Spaniſchen Flotte des Königs Philippi II. die die Königin vom Throne ſtoſſen ſolte, ſchlagen ließ; auf deren einen Seite das Bildnis der Königin, und auf der andern ein Seetreffen, mit der Umſchrift: Hesperidum' Regem devicit Virgo, ſtehet. Die Spanier ſchlugen eine Medaille dagegen, mit der Ueberſchrift: Hesperidum Regem devicit Virgo, negatur, eſt Meretrix vulgi. Die Engelländer antworteten aber mit einer andern Medaille, worauf ſtand: Hesperidum Regem devicit Virgo, negatur, eſt Meretrix vulgi, Res eo deterior. Unter dem Könige Jacobo II. wurden ſehr viele geſchlagen. *Ebelinus* hat die alten Engliſchen

schen Medaillen in Englischer Sprache schön beschrieben. 7) Holland hat sich aber am meisten in Medaillen sehen lassen, nachdem es, als eine Republick, viele Veränderungen erdulten müssen. Conf. *Pisot* dans l'Histoire metallique de la republique Holland 1688. *De Loon* 1732. worin 2945. Medaillen sind. 8) In Dännemark sind die Medaillen unter Christiano IIII. aufgekommen. Conf. Oligerii *Jacobei* Musæum Danicum. Die merkwürdigste ist diejenige, die der König Christianus IIII. anno 1629. beym Anfang des Dreyßigjährigen Kriegs schlagen ließ. Es stehet darauf ein Löwe, der ein Pferd zerreißt, mit der Umschrift: Frustra te opponis, frenande caballe, Leoni; albus eras, rubrus, si modo pergas, eris. Das Dänische Wapen führet nemlich Löwen, und das Braunschweigische ein Pferd. Es galt also auf Braunschweig, und die Münze hat nach getroffenem Vertrage müssen eingeschmolzen werden. 9) In Schweden fiengen die Medaillen von Gustavo Adolpho an. *Brenner* in Thesauro Sueo-Gothicorum Numorum erzehlet sie. Besonders sind auch unter der Königin Christina von vielen Italiänischen Meistern Medaillen geschlagen worden. 10) In Rußland hat der grosse Peter auf seine Thaten

Medail-

Medaillen schlagen lassen, mit Rüßischer Umschrift, und zwar nach dem Siege bey Pultawa. 11) In Teutschland hat das Haus Sachsen die meisten Medaillen schlagen lassen. Besonders ist die rar, die der Churfürst Mauritius anno 1544. schlagen lassen; die Heinrich Reitz geschnitten; die Figuren sind fast alle darauf gelötet; sie stellet auf der einen Seite die heilige Drey-Einigkeit, wie sie die Engel anbeten, vor, und auf der andern ist ein Stück von dem Symbolo Athanasii. Alle Medaillen von Sachsen anzuführen würde zu weitläuftig seyn. Besonders ist auch noch diejenige zu merken, die auf die Halsbrücke, ein Silber-Bergwerck bey Freyberg, geschlagen worden. Das Haus Braunschweig-Lüneburg hat auch sehr viele Medaillen schlagen lassen. Sie haben schon anno 1530. angefangen. Drey sind darunter zu merken. Es ist bekannt, daß die beyde Brüder, Herzog Rudolph August, und Anton Ulrich, zu Wolfenbüttel, in einer solchen Einigkeit gelebet, daß es alle nicht genug bewundern können. Anton Ulrich ward auch von seinem Bruder mit in die Regierung aufgenommen. Wie der Spanische Successions Krieg angehen solte, so gewann der König von Frankreich den Herzog Anton Ulrich, daß er 4 bis 5000. Mann für

ihn

ihn werben muſte. Das Haus Hanover ware hingegen Kayſerlich geſinnet, daher ließ es im Wolfenbüttelſchen alle franzöſiſche Truppen aufheben. Der Kayſer ſchrieb an den Herzog Rudolph Auguſt, daß er ſeinen Bruder der Regierung entſetzen ſolte. Anton Ulrich ward alſo herunter geſetzt. Er bezeugte ſeine Betrübnis durch drey Medaillen. Auf der erſten iſt eine Kugel, woraus die Luft gezogen iſt, und die von zwey Pferden, nemlich dem Zeliſchen und Hannoverſchen, vergeblich angezogen wird, die aber hernach, da Luft in dieſelbe gekommen, durch eine Hand von einander gelegt wird; es ſtehen die Buchſtaben: P. G. S. C. L. auf der Hand. Auf der andern iſt über P ein Däumgen gezogen. Sie bedeuten, daß der Kayſer auch die Hanoverſche Miniſtros gebraucht, dem Herzogen Rudolph Auguſt zuzureden. P bedeutet den Herzogen von Ploen; G den Wolfenbüttelſchen Geſandten zu Hamburg; S den Seidenſticker; C den Campe; L den Lauterſack. Um die groſſe Münze ließ er ſetzen: Was war unmöglich aller Macht, das hat ein Schalk zuweg gebracht. Schalk bedeutet auch die Miniſtros. Zuletzt wollen wir noch ein paar beſondere Arten von Medaillen erwehnen. 12) Die *Magiſche* Medaillen, oder *Talismans*, haben allerhand

hand dunkele zauberische Characteres. Man meynt sich dadurch fest zu machen, und glücklich im Spiel zu seyn, wenn man sie bey sich trägt. 13) In neueren Zeiten sind des Baron von Görtz Planeten-Medaillen von 1715. bis 1718. die rareste. Eigentlich sind 10. anzutreffen, ob er gleich 14. schlagen lassen. Die vier, die er noch darüber schlagen lassen, sind Alexander, Hercules, Theseus, Dædalus. Die 10. sind von 1715. Corona; von 1716. Publica fides; von 1717. Flink auch fertig; von 1718. Jupiter, Phœbus, Saturnus, Mercurius, Venus, Mars, Hoppet.

Die Nothmünzen sind auch sehr merkwürdig. Man hat nemlich bey Belagerungen und schweren Kriegen, entweder von Erz, aber im höherem Gepräge, oder von Leder, oder auch von Papier, wie in Leyden, Geld geschlagen. Anno 1524. als Antonius Luca, des Kaysers Caroli V. General, in Pavia belagert wurde, ist das erste Nothgeld aus dem Silberzeuge der Vornehmen geschlagen worden. Gemeiniglich sind sie viereckigt, und nur mit einem Stempel. In Holland sind die meiste geschlagen worden, weil da auch die gröste Belagerungen gewesen sind.

Zuletzt

Zuletzt sind die *Jettons*, Rechenpfenninge, Numi Calculatorii, calculi, zu merken. Man hat darauf gewisse Begebenheiten vorgestellet, und sie von Silber in Frankreich den Reitmeistern zum Geschenk gegeben. Die Holländische und Französische sind die beste. Zu Paris hat die Facultas medica, und andere, die Freyheit, sie schlagen zu lassen. In Holland sind aber die meiste geschlagen.

CAP. III.

Von Antiquitäten-Zimmern.

Die Antiquitäten-Zimmer pflegt ein Gelehrter auf seinen Reisen auch mit grossem Nutzen zu besuchen. Es sind uns aus den ältern Zeiten nicht nur Münzen, sondern auch viele andere Kunst-Stücke, aufbehalten worden. Solche Zimmer pflegen Musea antiquaria genannt zu werden. Die kultivirteste Völker, die Egypter, Griechen, und Römer, haben dergleichen Kunst-Stücke nachgelassen. Der Vorrath, der in einem Antiquitäten-Zimmer angetroffen wird, ist hauptsächlich in vier Abtheilungen

lungen einzutheilen: 1) Statuen. 2) Geschnittene Edelsteine. 3) Steinschriften, und 4) Künstliche *Instrumenta*. Wo wenig davon anzutreffen ist, da stehet alles untereinander, wo aber mehreres, da muß es in dieser Ordnung stehen. *Sphon* nennet die Lehre von Statuen Iconographiam; die Lehre von geschnittenen Edelsteinen Clyprographiam; die Lehre von Steinschriften Lapidariam seu epigrammato-graphicam Artem; und endlich die Lehre von künstlichen Instrumenten Angæographiam. Dieser Methode werde ich mich auch bedienen.

Bey den Statuen haben wir wieder zweyerley zu bemerken: die Lehre von den ordentlichen Statuis, oder die Statuaria; und die Lehre von den flachgeschnittenen Bildern, oder die Dorevmatica. (1.) Die ordentliche Statuen können wir Teutsche durch kein eigentliches Wort ausdrucken, und das ist ein Beweiß, daß unsere Völker keine Bilder gehabt haben, und keine Götzendiener gewesen sind. Man nennet sie zwar Bildsäulen. Allein dieser Name druckt nicht alles aus. Wir finden vier Arten von Statuis: eigentliche Statuen; croppi; busti; und termini; welches alles Italiänische Wörter sind. 1) Die eigentliche Statuen

Statuen werden wieder verschiedentlich eingetheilet. Man theilet sie (a) ein nach der Materie, in solche, die von Erz, von Elfenbein, und von Steinen sind. Die steinerne sind entweder aus Marmor, oder andern festen Steinen, gehauen. Wie aber der Marmor von verschiedener Art ist, so sind auch die marmorne Säulen verschieden. Man hat nemlich Marmor von der Insel Paros aus dem Archipelagus, und zwar weissen; Granit oder hochrothen aus Egypten, davon die römische Obelici sind; Porphyr oder blutroten, der desto kostbarer ist, je weniger Flecken er hat; Lapidem Lydium, Probierstein; schwarze, davon viele busti sind; von Grauen oder Alabaster, der sich mit einem Federmesser schaben läst, und davon die Statuen sehr zerbrechlich sind; die aus Parischem Marmor, und aus Porphyr, sind die rareste. Die andere Materie ist Metal. Man hat bey der Römer Verschwendung auch goldene gehabt, und Juvenal verspricht dem Sejano, er wolle ihm sein Bildnis aus Gold machen lassen. Auch von ehernen findet man noch zuweilen Köpfe in der Erden. Die dritte Materie ist Elfenbein, von einem Elefantenhorn, nicht aber von einem Zahn, weil der zu klein ist, Bilder daraus zu machen. Sie sind nur klein. Man

K 2 strei-

streitet sehr darüber, ob sie auch jemals bey den alten gebräuchlich gewesen sind. Sie werden Alters halber leicht gelb. Man theilet die eigentlichen Statuen (b) ein nach ihrer Grösse in solche, die von übernatürlicher Grösse, solche die von mitlerer Grösse, und in solche, die kleiner sind. Die überaus grosse werden Statuæ in Forma Colossea genannt, von der grossen Säule Colossus auf der Insel Rhodus. Vor Zeiten machte man insgemein septempedales Statuas, und, da sie hoch gestellet wurden, so musten sie so gros seyn. Die mitlere wurden in Nichen an Gebäuden gebraucht. Die kleinere heissen Signa, und sind auch wohl Fingerslang, und überhaupt gar nicht Ellen lang. Man theilet die eigentlichen Statuen (c) ein nach der Kleidung in nackende und bekleidete. Die Kunst der alten Statuariorum zeigt sich besonders in den nackten Statuen. Unter den ältesten nackten Statuen ist die Venus Florentina Medicea die schönste. Sie hat zu Rom in dem Pallast des Grosherzogs gestanden. Cosmus III. hat sie aber nach Florenz holen lassen. Sie ist aus Parisischem Marmor von Cleomene und Apollodoro gemacht. Sie stehet vorwärts herüber gebeuget, um die Schamhaftigkeit anzudeuten. Sie hat bey der Ueberfahrt

fahrt ein wenig Schaden gelitten. Man bewundert daran Schönheit, Schamhaftigkeit, und Blüthe der Jugend. Einige tadeln daran, daß der Kopf zu klein, die Nase zu dicke, und die Finger zu lang wären, und daß an der rechten Hand der kleine Finger kein Gelenke hätte. Sie ist aber noch nicht ganz ausgearbeitet gewesen. Man hat viele kleinere Abbildungen davon. Der Hercules Farnese im Farnesischen Garten zu Rom ist auch unvergleichlich schön, und in Forma Colossea. Er lehnet sich auf einer Käule. Die Sratua Apollinis Pythii zu Rom bildet einen jungen starken Menschen unvergleichlich ab. Bey den nackten Bildern der Alten beobachtet man, daß die Alten alle ihre Götter so abgebildet haben; besonders haben sich auch die Kayser, und hauptsächlich Commodus, so abbilden lassen wollen. Bekleidete alte Statuen haben wir viele von Kaysern, von berühmten Männern, e. g. Rhetoribus, von den Virginibus Vestalibus, von den Kayserinnen. Man kan aber aus den alten Statuen, die bekleidet sind, doch die Art der Kleider, ob es Toga, Stola, oder Sagum, seyn soll, nicht recht erkennen. Die neuere haben die Kleider so gar dergestalt in Falten gelegt, daß man auch aus der Dünne oder Dicke derselben schliessen können,

nen, was es für Art Kleider, und von was für einem Gewand, sie wären. Man theilet die eigentlichen Statuen (d) ein nach ihrer Lage in stehende, pedestres, liegende, jacentes, cubantes, und reitende, equestres. Von stehenden hat man viele. Von reitenden nur noch zwey, nemlich den Marcum Aurelium Antoninum auf dem Markte zu Rom, der aus Erz sehr schön gemacht ist; und die Regisola, die die Gothen zu Pavia gefunden, die aus Erz ist, und von der man nicht eigentlich weiß, was sie vorstellen soll. Von liegenden Statuen ist zu Rom im Belvedere die Cleopatra aus schönem Parisischen Marmor. Man findet auch da die Latona, wie sie Wasser schöpft. Ueberhaupt müssen wir nun noch von den Statuen bemerken, daß die alte Schriftsteller nicht gnug rühmen können von Statuen, und sie höher, als Gemählte, schätzen. Eine Statue hat wirklich den Vorzug, daß sie von allen Seiten gesehen werden kan, und weit mehrere Kunst und Mühe erfordert, auch von längerer Dauer ist. Von den Römern haben wir nur noch Gemählde, die doch nur Wasserfarbe hatten, von den Egyptern und Griechen haben wir nur noch Statuas. Eine Statue ist auch weit kostbarer, wenn man auch nur die Materie ansiehet.

het. Die Römer und Griechen haben alle Götter, und alle berühmte Leute, in Statuen vorgestellet. *Plinius* sagt, auf der Insel Rhodus wären über drey tausend, und darunter hundert Colossea. Er nennet diese Lust, sich eine Statue setzen zu lassen, humanissimam Ambitionem, und überhaupt rühmen die Alten die Begierde, sich eine Statue setzen zu lassen, besonders an Kaysern sehr. *Cicero* de Natura Deorum Lib. 1. Cap. 6. sagt: Deos ex Facie novimus, qua Pictores & Sculptores voluerunt. Die Alten haben auch eine grosse Accuratesse dabey gebraucht. Conf. Emundus *Frigellius* de Statuis veterum. 2) *Cruppi* sind Statuen, die aus vielen Figuren bestehen. Zwey schöne Stücke haben wir davon. Das erste Stück ist die Statua Laocoontis, wie er mit seinen Kindern von den Schlangen getödet wird. Vid. *Plinius* in Hist. Nat. Lib. 30. Cap. 5. Archesander und Apollodorus haben dieses Stück gemacht. Hinten ist es noch nicht ausgearbeitet; daher man glaubt, es habe an der Wand gestanden. Der Bondinelli hat es nachgemacht, und nach Florenz gebracht. Das zweyte Stück sind die Nicobi mit ihren Kindern, wie sie von dem Apollo erschossen werden, im mediceischen Pallast. Es sind fünfzehen Figuren aus

K 4   Pari-

Parisischen Marmor daran. *Plinius* l. c. gedenket derselben auch. Zween Gladiatores aus Erz gegossen, die zu Florenz stehen, gehören auch dahin. Unter die Cruppi gehöret auch noch, als ein Wunderwerk, das Stück, welches zu Florenz ist: Le Rodino der Schleifer, eine liegende Mannsperson, die ein Messer schleift; es ist der Bauer, der im Schleifen die Verschwörung des Catilina gehöret und nachher entdecket hat. 3) Die *Busti* oder Brustbilder waren in den Sälen der Alten häufig anzutreffen, und es werden noch viele grosse Männer von Stein und Metal so gefunden. Conf. *Boeſſardus*. Bey den Alten stehen sie nicht auf Postementen. Die Gothen haben den Bildern aber die Nasen alles entzwey geschlagen. Die alten Busti haben auch keine Augäpfel; neuere Künstler haben aber goldene oder silberne hineingesetzt. 4) Die *Termini* sind Bilder, die unten breit sind, und oben spitz zusammen lauffen. Man hat was darauf gelegt, oder sie auch in Gärten als Grenzzeichen gesetzt. (II.) Die flachgeschnittene Bilder, Doreumata oder Baſſi relievi, sind eherne und steinerne Tafeln, darin ganze Geschichte abgebildet worden. Man findet sie in Stein, Erz, und Elfenbein. Die Probe siehet man zu Rom an der Colonna Trajani, woran
der

der ganze Dacische Krieg abgebildet ist. Man zählet 2200. solcher Figuren daran. An der Colonna Marci Aurelii Antonini findet man auch Figuren, die den Markomannischen Krieg vorstellen. An der Colonna Trajani sind die Figuren gröber. *Bellori* hat beyde beschrieben. An alten Gefässen trift man auch solche Figuren an, auch an Säulen, an Grabmählern, an überbliebenen Stücken von Altären, am meisten aber an alten Gebäuden. Von allen diesen kan man den *Montfaucon*, und des *Gori* Museum Florentinum, welches noch besser geschrieben ist, nachsehen. Wir müssen nun überhaupt noch von allen diesen Dingen merken, daß von den kleinen Bildern oder Signis sehr viele nachgegossen sind. Wenn also die eherne nicht den alten Firnis haben, so muß man sie nicht für alt halten. Man findet am meisten Römische Statuen; von Griechischen und Egyptischen nur Stückgen. Zu Rhodus oder auf sonst einer Griechischen Insel leiden es jetzt die abergläubische Muhammedaner nicht, daß man darnach in der Erden suchet. Vor kurzen hat man angefangen, die Hetruseische Statuen aufzusuchen, und man ist so glücklich gewesen, viele zu finden.

Die geschnittene Edelsteine sind sehr merkwürdig, daher sie eine besondere Wissenschaft, die Clyptographiam, veranlaßt haben, welche Benennung von χλυφω, sculpo, hergenommen ist. Die Lateiner brauchen zwey Wörter, Sculpo, davon komt Sculptura, und Cælo, davon komt Cælatura. *Quin: Filianus* Lib. 5. Inst. Orat. sagt: Sculpturæ & Cælaturæ Discrimen in Materia est. Er meynte nemlich, Sculptura fände in Elfenbein und Edelsteinen, Cælatura aber nur in Erz statt. Aldus *Manutius* beweiset, daß in erhabenen ausgegrabenen Sachen Cælatura, in hohl eingegrabenen Sachen aber Sculptura statt fände. Bey den heutigen Goldschmieden ist Cælatura erhabene Arbeit, und Sculptura eingegrabene. Die Alten brauchten cælare und sculpere von den Edelsteinen. Wir haben hieben auf viererley zu sehen, nemlich auf die Materie, die Gestalt, die Einfassung, und auf die Beurtheilung, ob sie wahr, oder falsch sind. (I.) Was die Materie der geschnittenen Edelsteine anlangt, so sind die alte keinesweges solche Steine, die wir heut zu Tage hoch halten, als Diamanten, Rubinen, u. s. w. sondern solche, die wir nicht mehr achten. Die alte Edelsteine sind 1) Onyx, der kostbarste bey den Alten, weil er zwo

Farben

Farben hat, er ist bräunlich mit weissen und rothen Adern; 2) Jaspis, der sich leicht in grosse Stücke brechen ließ; 3) der Agat, der am gemeinsten war, den schwarzen schäzte man nicht hoch, weil er nicht in die Augen fiel; 4) Carniol, der ins dunckelrothe fiel; 5) Sardonyx, von Sardes und Onix, mit weissen und rothen Strahlen. Ametisten, Opale, und Chrysoliten findet man wenige. (II.) Der Gestalt nach sind die geschnittene Edelsteine entweder tief oder erhaben geschnitten. Von den ersten giebt es weit mehrere, als von den anderen. Die letztere werden von den Italiänern Cumei genannt. Die tiefgeschnittene wurden zu Siegelringen, die erhaben geschnittene hingegen zu Zierathen am Geschirr gebraucht. Sie stellen entweder blosse Köpfe, oder ganze Bilder und Historien, oder Hieroglyphische Figuren vor. Die Köpfe sind sechserley. Man findet darauf Köpfe der Götter und der Priester; der Helden; der Könige und berühmten Männer; der Kayser; der Philosophen, Redner und Poeten; und Gemeine. Die erhabene Bilder sind sehr schön, da man oft die Farben in dem Stein so schön ausgesucht. Man findet gemeiniglich nur Bilder von Gesichts-Stücken. Man findet eines, auch öfters mehrere Gesichter, auf einem

nem Steine, z. E. auf dem Helm der Minerva sind zwey Gesichter. Diese Steine kamen sehr hoch zu stehen, wie man aus dem *Plinio* sehen kan. Es ist fast keine berühmte Fabel und Geschichte, bis auf das zweyte Sæculum, die man nicht in Steine geschnitten hätte. Alle Arten des Gottesdienstes, die Bacchanalia, Floræ sacra, Raptus Proserpinæ, u. s. f. hat man auch sehr schön geschnitten. Drey vortrefliche Stücke finden wir noch. Das erste ist das Cachet des Michaelis Angelo, oder sein Pittschierring, darauf das Geburtsfest des Bacchi in Sardonyx sehr klein geschnitten, mit 15. Figuren, die man mit Vergrösserungs Gläsern besehen muß; der König in Frankreich hat diesen Stein vor 800. Louis d'or gekauft, und nach Versailles bringen lassen. Das zweyte vortrefliche Stück ist ein Edelstein, der die Apotheosin Augusti vorstellet; diesen hat Philippus pulcher von den Tempelherren gekauft, und in ein Closter geschenkt; nachher hat ihn der Kayser Rudolphus vor 8000. Ducaten gekauft, und nach Wien bringen lassen; vid. *Burenius* in Thesauro Antiquitatum Romanarum Græviano Tom. 3. Das dritte vortrefliche Stück ist ein Stein, der die ganze Familiam Juliam vorstellet, und zu Paris aufbewahret wird; *Le Bois* hat

ihn

ihn beschrieben. *Gorlæus* hat alles dieses beschrieben, den *Gronovius* herausgegeben hat. Eine Art von Steinen nennet man Abraxas, oder abergläubische Egyptische Steine. Man legt sie den Basilidianern bey. *Irenæus*, *Augustinus*, und andere Kirchen-Väter, eifern sehr dagegen. In Cassel auf dem Kunsthause sind sehr viele anzutreffen, da der Grosvater des jetzigen Landgrafen in Venedig viele gekauft hat; es ist besonders ein Schmuck einer Constantinopolitanischen Prinzeßin da, der aus lauter Cameis bestehet. Von den Abraxis kan man den *Chifletium* nachsehen. Die Egypter haben zuerst angefangen Geschichte auf Steine zu schneiden, von denen es die Griechen gelernet, und besondes Pyrgoteles, von dem der grosse Alexander nur in Stein geschnitten seyn wolte. Callimachus, Lysippus, Theodorus, Cronius, waren auch Griechische Steinschneider. Sie nannten sich Lytographos. Conf. Philipp *von Stosch* von 70. Steinen, davon 47. Namen auf jedem von den Meistern stehen. Das Buch ist auch auf der hiesigen Bibliotheck. (III.) Was die Einfassung betrift, so ist zu merken, daß die geschnittene Edelsteine entweder eingefasset oder uneingefasset sind. Eingefasset sind sie entweder in Ringen, oder in Gefässen, und so

kan

kan man sie gegen das Licht sehr wohl betrachten. Man findet sie auch am Kirchen-Geschir. Z. E. zu St. Denys an einem Kelche stehen Steine von den Sacrificiis Bacchi. Man findet sie auch uneingefasset, die man erst mit ein wenig Wasser, aber ja mit keinem Speichel, der nur zähe ist, anfeuchten, und so in ein rothes Wachs abdrucken kan. Zu Dresden ist ein Künstler, Lippert, der auf seinen Reisen solche Abdrücke gesammlet, in Gips abgegossen, und mit Gummi überzogen hat; er verkauft sie auch, und oft auch verguldet; er hat Kästgen zu 8. und zu 12. Ducaten; daraus man vieles lernen kan. (IIII.) Was endlich die Beurtheilung der wahren und falschen geschnittenen Edelsteinen betrift, so ist zu merken, daß, so hoch diese Kunst zu achten ist, so viel Betrug dabey auch nachher vorgegangen sey. Nemlich 1) hat man die alten Steine durch einen Glasfluß nachgemacht, da das Glaß geschmolzen, und der Edelstein darin abgedruckt wurde; die Römer nannten es schon Vitrum obsiccanum. Conf. *Seneca* Epist. 90. *Plinius* Hist. Nat. Lib. 39. Cap. 26. Der Herzog von Orleans hat bey der Minderjährigkeit des Königs Ludovici XIIII. diese Kunst auch erlernet; man kan aber die Nachgüsse nicht so hart, als Edelsteine, machen; die

die Kunst ist noch üblich. 2) Haben sich auch neuere Lytographi gefunden, die neue geschnitten haben; in Italien der Frecia, Constanti, und andere; in Teutschland der Dorisch, der nur ein Glaßschneider in Nürnberg gewesen, da ihm der Gottfried Thomasius angab solche Steine zu schneiden, die im Gemmario magno beschrieben sind, Ebermeyer kaufte sie, der König von Portugal hat 10000. Rthlr. davor gegeben. Schon ein alter Schriftsteller de Gemmis hat über den Betrug geklaget. Man hat also bey einem Vorrath von alten geschnittenen Edelsteinen hauptsächlich darauf Acht zu geben, ob sie ächt sind, da man allerdings mehr alte Edelsteine findet, als Münzen. Conf. *Phædrus* Lib. Fab. 1. Man kan noch nicht satsam anzeigen, wie man die ächten Edelsteine von den falschen unterscheiden soll; weil die Gelehrten sich mehr darum bekümmern, was darauf stehet, und weil die wenigste das Steinschneiden gesehen, und daher unmöglich die ächten alten Steine unterscheiden können. Bodelot *de Terval* de l'utilité des voyages Tom. 1. pag. 350. meldet, daß ein geschickter junger Mensch davon schreiben wollen, aber darüber gestorben sey, er gibt Excerpta davon. Der Herr Prof. *Christ* in Leipzig ist in seiner Dactyliotheca Richteriana,

teriana, worin er die schöne Sammlnng von alten geschnittenen Edelsteinen des Richters, eines vornehmen Leipziger Kaufmanns, beschrieben, besser verfahren, und hat darin auch de Signis, e quibus Manus antiquæ cognosci queant in Gemmis gehandelt. 1) Sagt er, mus man auf die Art der Alten, die Steine zu schneiden, Acht geben; *Plinius* in Hist. Nat. Lib. 37. Cap. 5. sagt, die Alten hätten mit kleinen Sculpellis von Diamant die Steine ausgeschnitten, welches eigentlich Sculpere genannt werden müsse; heut zu Tage hat man eine kleine Maschine, die wie eine Drechselbank ist, die man auf den Tisch setzet, den Diamant einschraubet, darauf die Figur abzeichnet, einen scharfen Griffel mit Diamant Feilstaub oder Diamantport bestrichen, darauf hält, und dann das Rad herum drehet, und so schleifet. 2) Muß man auf die accurate Zeichnung der Alten sehen, die *Plinius* auch sehr rühmet. 3) Muß man sich merken, daß die Alten gemeiniglich, was in ihren Gebräuchen, Kleidern und Sitten, üblich gewesen, hineingesetzt haben, welches die neuere nicht thun. 4) Haben die Alten gerne kleine Jaspis, Sardonix, Apalet, u. s. w. verarbeitet; die neuere aber in Carniol, Agat, Chalcedon. Conf. *Chifletii* Judicium

Judicium de Gemmis sacratis Effigie ornatis; denn man findet fast keine Sammlung, da nicht viele Köpfe des .... sind. Conf. Traité de pierres graveés en mariette, Paris 1750. in zwey kleinen Folianten; der Steinschneider *Bouchardon* ist eigentlich der Verfasser davon; es ist ein rechtes Kunstbuch vom Steinschneiden, dem eine Bibliotheck von den Büchern der Steinschneide = Kunst, und die Sammlung der Edelsteine zu Paris, beygefüget ist.

Die Steinschriften stehen nicht allemahl in dem Antiquitäten = Zimmer selbst, weil sie das Haus zu sehr beschweren würden; sondern man pflegt sie in Gallerien und öffentlichen Plätzen einzumauren. Man will schon Columnas Sethi gefunden haben, si Fabula vera est. Weil der Stein am härtesten und dauerhaftesten war, so hat man darin entweder erhaben, oder tief eingegraben. Besonders findet man viele in Marmor. Man hat auch viele in eherne Tafeln gegraben, z. E. die Leges duodecim Tabularum, und alle Scta und Leges bey den Römern. Erst neulich hat man in Italien eine Tafel von erstaunender Grösse, die eine Stiftung des Kaysers Trajani von einem Waisenhause enthält, gefunden; der Bauer, der sie ausgrub, zer-

L schlug

schlug und verkaufte sie; und hernach erfuhr es erst ein Gelehrter. Um die Inscriptiones haben sich die Gelehrte eher bekümmert, als um die Münzen, da sie mehr in die Augen fielen, und daraus hat man vieles erkläret. Wir reden hier aber nur von den alten Steinschriften der Griechen und Römer. Denn ob wohl die alte Gothische Völker viele Steinschriften gehabt, so kommen sie doch nicht zu uns, und werden auch nicht in Antiquitäten-Zimmern aufbehalten. Die Griechische Inscriptiones übertreffen gewissermaßen an Menge die Lateinischen. Der Graf von Arundel hat eine gewaltige Menge gesammlet, und nach Oxford geschenket; die *Seldenus* sehr erläutert. *Spohn* hat sich auf seinen Reisen auch sehr bemühet, sie zu sammlen. Sie sind überall anzutreffen, da sich die Griechen unter dem Alexandro Magno allenthalben ausgebreitet haben. Den Griechen haben es die Römer nachgemacht, die durch den ganzen Orbem Romanum, so gar auch durch ganz Brittanien und Spanien, ihre Inscriptiones ausgebreitet haben. Die Steinschriften enthalten nicht allein Grabschriften, oder Inscriptiones an Häusern; sondern man findet auch darauf ganze Verträge unter Völkern, Leges, Fastos, Testamenta, Chronica. Die älteste ist zu Rom an der

Basi

Basi der Colonna Duillii, da die Römer unter dem Duillio so viele Schiffe erobert, und davon die Schnäbel angenagelt. *Ciaconi* und Aldus *Manutius* haben sie erläutert. Es ist zu bedauren, daß das Monumentum Ancyranum zu Ancyra in klein Asien, darauf die ganze Römische Macht unter dem Augusto stehet, nicht von den Türken erlanget werden können, ob sich gleich *Busbequius*, und andere, sehr darum bemühet hat. Alle Inscriptiones sind Litteris Uncialibus und Quadratis, weil die Inscriptiones alle hoch gesetzt wurden. In einigen marmornen Inscriptionibus sind metallene Buchstaben eingesetzt gewesen. Man findet daher auch noch viele Buchstaben davon, die ausgefallen sind. Man findet sie in ganzen Zeilen, und zwischen einem jeden Worte stehet ein Punctum oder ein Blümgen. In der Orthographie haben die Inscriptiones einen grossen Nutzen, daraus auch der Aldus *Manutius* seine Orthographiam latinam gesammlet. Es kommen aber darin auch oft Errores Fabriles vor, da sie anders geschnitten, als im Schreiben gebräuchlich gewesen. *Norisius* in Illustratione cenotaphii Cæsarum Caii & Lucii, die zu den Zeiten des Augusti Principes Juventutis waren, denen zu Pisa ein Denkmal gesetzt wurde, rühmet den Nutzen der Inscriptionum ungemein. Es kommen in den Inscriptionibus auch viele Abbreviaturen vor, da man den Raum sparen muste. Conf. Sertorius *Ursatus* de Notis Romanorum. So ist z. E. noch nicht ausgemacht, ob man *Agellius* oder *Aulus Gellius* lesen solle, da die beste Codices der Noctium Atticarum *Agellius* haben; in einer Inscription aber, die Aldus *Manutius* hervorgebracht, stehet zwischen dem A und Gell. ein Punctum. Es gibt Inscriptiones Ethnicas und Christianas. Die Christliche sind aber an dem Monogrammate Christi χ und ρ zu erkennen, wie es dem Constantino Magno erschienen seyn soll. Conf. Joannes Burchardus *Mencke* Diss. de Monogrammate Christi. Es sind auch viele Inscriptiones betrieglich nachgemacht. Der *Annius Viterbiensis* hat sie graben lassen, und sie, ehe er sie producirte, erst eine Zeitlang in Weinbergen verborgen. Conf. Leo *Allatius* in Antiquitatibus Hetruscis. Die Inscriptiones sind schon alle in Büchern aufgezeichnet. Petrus *Apianus*, Teutsch: Bienewitz, hat ein ganzes Corpus Inscriptionum gesammlet. Nachher hat Janus *Gruterus* das grosse Opus Inscriptionum gesammlet und heraus gegeben, welches *Gravius* revidiret, und zu Amsterdam 1707.

1707. heraus gegeben. *Reinesius* hat aber die Inscriptiones sehr schön erkläret, und nach ihm Raphael *Fabrottus* zu Rom 1699. Man braucht also auf Reisen nicht alle abzuschreiben. Es gibt aber auch zweifelhafte und lächerliche Inscriptiones. Hieher gehöret die zu Bononien, die man sich anmerken kan; sie fängt sich an mit den Worten: Ælia Lælia Crispis; man hat viele Commentatores darüber, z. E. den *Mastricht* 1704. Achilles Folta, ein Senator Bononiensis, hat sie erneuren lassen. Zuletzt ist noch zu merken, daß die alte Inscriptiones sehr selten in gebundener Rede anzutreffen sind, zu Parma ist nur diese: Balnea, Vina, Venus, corrumpunt Corpora nostra; Sed Vitam faciunt Balnea, Vina, Venus.

Die Lehre von künstlichen Instrumenten nennet man Angæologiam. Ἀγγαῖον bedeutet alle Arten von Instrumenten. Wir haben Instrumenta sacra, militaria, domestica. Dabey ist erst auf die Materie zu sehen. Wir haben ænea und argillacea, d. i. irdene, Instrumenta. Man könte auch gläserne dazu rechnen; es sind aber sehr wenige davon zu uns gekommen. Der Æneus Adparatus wird allen andern vorgezogen. In dem *Adparatu sacro* treffen wir

wir zuerst Idola, Signa, kleine Götzenbilder, die auch wohl nur einen Finger lang waren, an. Sie waren aber nicht so schön, als die greffen, und man hat sie auch in grosser Menge. Man hat auch Instrumenta sacrificantia, Secespitas oder Opferbeile, Sistra oder Instrumenta ægyptiaca, u. d. g. Vor allen ist aber eins besonders zu merken, das ist die sogenannte Mensa Isiaca; in dem Schatze des Herzogs von Mantua ist nemlich ein ehernes Tischblatt, darin Figuren von Silber vom Egyptischen Gottesdienste eingeleget sind; als Mantua vom Kayserlichen General erobert wurde, so kam es weg; man fand es aber nachher in der Schatzkammer des Königs von Sardinien zu Turin; Laurentius *Pignorius* hat es in Kupfer stechen lassen, und beschrieben. Zu dem Adparatu sacro gehören auch die Vota der Alten, die sie den Göttern opferten, z. E. das Glied von Metal gegossen, woran einer krank gewesen war. Von den Egyptern findet man noch viele von Thon, und besonders Icunculas Isidis. Von sacris hat man also am meisten. Der *Adparatus Militaris* hat Frameas, Pila, Capulas, Degenklingen und Gefäße, davon die metallene Klingen die rarsten sind. Wir finden auch viele kleine metallene Aquilas; daher *Tacitus* sagt, daß

der

der Aquilifer in der Schlacht der Teutschen mit dem Quinctilio Varo den Adler in den Busen versteckt habe. Man hatte auch Aquilas geminas, da die Römer oft eine Legion zu einer andern schlugen, und auch beyde Adler in eine Figur verwandelten. Man hat auch kleine Clypeos, die aber nur Zierathen von den alten grossen von Weiden geflochten mit Leder überzogen sind. Man findet auch noch verschiedene Sporne. Vom *Adparatu domestico* findet man viele Iustrumenta e Terra Lamea seu Sigillata, auch Lemnia. Man findet auch viele Claves, auch Armillas, die oft sehr schön verguldet sind; auch eine grosse Menge von Fibulis oder Schnallen, die aber eine ganz andere Gestalt haben, als heut zu Tage. Man findet auch viele alte Ringe, auch Stilos oder eherne Griffel, auch Talos, und andere Instrumenta lusoria, imgleichen auch Pateras und Pocula von Ton und Erz. Von Zinn hat man noch nichts gefunden, welches wohl eingeschmolzen ist. Die viele Arten von Mensuris und Ponderibus, darauf publica auctoritate ein Zeichen gesetzt ist, sind auch zu merken. Am meisten findet man Lucernas, oder Arten von Lampen, die sehr schön gemacht sind. Conf. *Bellorius* de Lucernis veterum in Tomo XII. Thesauri Antiquitatum Romanarum

narum Gravioni. Es kommen dabey auch
viele Figuras obscœnas vor. Man findet
sie am meisten in alten Gräbern. Daher
man gemeinet, daß die Alten darin einen
immer brennenden Tocht gehabt, der doch
ohne Luft in den Gräbern nicht hat brennen können. Die Urnæ sepulcrales sind
auch sehr verschieden, aber mehrentheils
von Thon; die metallene sind von vorneh-
meren. Trifft man aber in Teutschland Ur-
nas an, so sind sie nicht immer für Römische zu halten, sondern es sind auch teutsche darunter. Man findet dabey auch kleine Lagenas mit engen Hälsen, die einige
Phialas lacrymales nennen, die inwendig
weiß angelauffen sind, und die die Præ-
ficæ oder Klageweiber gehabt, und die
Thränen darin auffgesammlet haben sollen,
welches aber in so engen Gruben nicht möglich ist. In den Gruben der Chresten sin-
det man weiter, die inwendig roth angelauffen sind, und man meynet, es wäre
noch Blut von Martyribus darin.

CAP. IIII

Von Bildersälen.

Die Bildersäle benenne ich mit einem
Griechischen Namen Pinacothecas.
Die

Die Menge der Bilder ist so groß, daß es Kunst erfordert, sie ordentlich vorzutragen. Es läßt sich alles durch zeichnen, auch mahlen, abstechen, und abdrucken, abbilden. Dabey hat man auf die Eintheilung, Beurtheilung, und auf die Anzeige, wo sie anzutreffen sind, zu sehen. Die Bilder zerfallen werden 1) Gemählde, 2) Holzschnitte und Kupferstiche, und 3) Handrisse und Zeichnungen einzutheilen.

Bey den Gemählden müssen wir uns so wohl um die Eintheilung, als um die Beurtheilung derselben bekümmern.

Die Eintheilung der Gemählden ist verschieden. Man theilet sie (I.) ein nach der Materie. Man hat sie nemlich 1) auf Holz; 2) auf Tuch oder Leinwand; 3) auf fr. Kalch oder Fresco; 4) auf Mörtel; 5) auf Ton; 6) auf Glas; 7) auf Pergament; 8) auf Papier; 9) auf Stein; 10) auf Wachs. Die Gemählden werden (II.) eingetheilet nach den Farben. Sie sind entweder von einerley oder von mancherley Farben. Die Italiäner nennen jenes Claroscuro; davon gemeiniglich die Grundfarben sind. Die von vielerley Farben sind ausgemahlte Bilder. Man hat auch dreyerley Farben, nasse, trockene, und

E 5

eingebrannte. Unter den nassen Farben sind zweyerley, Wasserfarbe mit Leimwasser, und Oelfarbe. Man hat auch Saftfarben, die aus allerhand Säften präpariret werden. Man mahlet auch mit Schmelzweiß und Mosaick, oder kleinen geschmolzenen Steinen. Die Gemählde werden (III.) eingetheilet nach den Vorstellungen. Da sie sich in sieben Classen theilen, die man zu Beurtheilung der Bilder sehr wohl zu merken hat. Man hat 1) Bilder von Menschen, Contrefaits, und zwar (a) von lebendigen und von todten; (b) von ganzen Leibesgestalten, und zwar entweder nackt oder bekleidet; (c) von stehenden; (d) von sitzenden; (e) von liegenden, knienden, mit Händen, und von Brustbildern ohne Hände. 2) Von Geschichten, die viele Personen vorstellen, die sich in zwey Classen, in geistliche und weltliche, abtheilen: davon die weltliche entweder wahre oder erdichtete sind. Von erdichteten sind z. E. Baurenstücke und Jahrmärkte, u. d. g. Man theilet die weltlichen auch ein in Friedens- und Kriegsgeschichte. Man hat auch Jagd-Stücke. Bey Geschichten ist also die Mahler-Kunst schon höher gestiegen. 3) Von wilden und zamen Thieren. 4) Von Landschaften, die sehr künstlich zu mahlen sind, und entweder wahre oder erdichtete sind.

Es

Es gehören dahin auch Seestücke, und Bilder von den Jahrszeiten. 5) Perspectiv-Gemählde. 6) Von stillliegenden Sachen, Büchern, Speisen, Instrumenten. 7) Grotescen, oder allerhand geschlungene Züge und Laubwercke. Man theilet die Gemählde (III.) ein nach den verschiedenen Schulen der Mahler, deren hauptsächlich vier sind. 1) Die älteste und berühmteste ist die Italiänische. Denn wie in Italien alle Künste aus der Finsternis hervor gekommen, so hat man sich auch daselbst in der Mahlerey hervor gethan, und hat man (a) die Römische und Florentinische; (b) die Longobardische; (c) die Mayländische; und (d) die Bolognesische Schule. 2) Die Niederländische Schule. 3) Die Teutsche Schule. 4) Die Französische Schule, die von dem Colbert aufgerichtet ist. Die Gemählde werden (V.) auch nach der Grösse eingetheilet. Man hat 1) sehr grosse. 2) Mittelmäßigen. 3) Kleine oder Kabinet-Stückgen, darin die Niederländer besonders excelliren.

Die Beurtheilung der Gemählde kan so wohl überhaupt als insbesondere angestellet werden.

Die Beurtheilung der Gemählde über-

überhaupt kan nicht angeführet werden, wenn man nicht die Hauptstücke weiß, worauf man zu sehen hat, nemlich die Beschaffenheit der Mahlerey und die Schule des Mahlers.

Was die Beschaffenheit der Mahlen anbetrift, so ist das Mahlen nichts anders, als eine Kunst, die, vermittelst eines Pinsels, alles sichtbare auf einer Fläche, der Natur nachahmend, vorgestellet wird. Der Trieb, der Natur nachzuahmen ist von dem Schöpfer zum Vergnügen des Menschen in seine Seele gepflanzt. Diese Kraft aber äussert sich in der Einbildung, ohne welche ein Mahler nicht fortkommen kan. Wir haben aber bey der Beschaffenheit eines Gemähldes auf den Umriß, auf die Farben, auf die Zusammensetzung, und auf die Annehmlichkeit, die man dem Pinsel mit den Mahlern nennt, zu sehen. 1) Der Riß ist der Grund, von dem alle Beschaffenheiten der Mahlerey abhängen. Dieser muß vollkommen nach der Natur eingerichtet seyn. Der Mahler nennen dieses correct. 2) Die Farben begreiffen drey Stücke in sich, nemlich die Localfarbe, die Schattirung und die Uebereinstimmung der Farben. (a) Die Localfarbe wird die Grundfarbe genannt, die nach der Natur eines jeden

Objecti

Objects eingerichtet seyn muß. (b) Die Schattirung ist die Kunst, Licht und Schatten bey der Localfarbe anzubringen, dadurch das Gemählde, wie die Mahler reden, rund gemacht wird. (c) Die Uebereinstimmung der Farben macht die meiste Veränderung in den Augen, und ist bey der Mahlerey eben das, was die Harmonie bey der Music ist. Denn es sind gewiß Farben, die sich nicht zusammen schicken. 3) Die Zusammenordnung hat die Erfindung und Entdeckung unter sich, die ein Mahler wohl wissen muß. Er muß aber ein Gemählde so entdecken, daß alle Theile so wohl mit einander übereinstimmen.

Was die Schulen der Mahler betrifft, so wollen wir erstlich die Schulen selbst, und hernach deren verschiedene Arten zu mahlen beschreiben.

Die Schulen selbst sind die Wälsche, die Teutsche, die Niederländische, und die Französische.

Die Wälsche Schule theilet sich in vier Classen, nemlich: die Romanische und Venedische; die Lombardische; die Bononische; und die Florentinische. (L) Von Florenz ist die Mahlkunst erst nach Rom gekommen

gekommen. Florenz war eine grosse und reiche Handelsstadt in Italien, die eine starke Handlung nach dem Orient führte. Da die Schiffarth über die Linie noch nicht erfunden war, so holte man alle Waaren aus der Levante und dem Orient. Die reiche Bürger zu Florenz wendeten nun auch vieles an Mahlereyen. 1) Der älteste Florentinische Mahler hieß Giovanni *Chiuppe*, ein gebohrner Florentiner. Er brachte es dahin, daß einige Florentinische Bürger Griechische Mahler kommen liessen, und davon lernete er vieles. Er mahlete nur noch mit Wasserfarbe. Zu Florenz und Neapolis sind noch viele Stücke von ihm. 2) Sein vornehmster Schüler hieß *Chiotto*, der es noch höher, als sein Meister, brachte. Er solte nach Rom kommen, welches er aber hochmüthig ausschlug. Er machte aus freyer Faust einen sehr accuraten Zirkel, den die Italiäner nur das O des *Chiotto* nennen. Nachher hat er zu Rom das Schiff Petri über das Thor der Peters-Kirche gemacht. 3) Der dritte berühmte Florentiner, den man Parentem secundum ætatis Artis Pictoriæ nannte, war *Masaggio*, der anno 1443. von seinen Neidern mit Gift vergeben wurde. 4) Sein Nachfolger war *Lippi*, ein Carmeliter-Mönch, der aus dem Closter gieng, und in

der

der Ankonischen Mark zuerſt die Colerit excolirte. Er ward von den Seeräubern gefangen, und nach Tunis geführet, da er ſeinen Herrn mit Kolen an der Wand ganz erkenntlich mahlete, der ſich dann noch einmal von ihm abmahlen ließ, und ihm die Freyheit ſchenkte. Der Herzog Cosmus Medices berief ihn darauf nach Florenz, da er zu verliebt war, und weggehen muſte. Er kam aber wieder, und mahlete eine Ma Donna oder Marienbild ohne Geſichte, da er aus den Nonnen eins wählen wolte; er nahm eines Kaufmanns Tochter dazu, die er abmahlete, ſich aber in ſie verliebte, und mit ihr davon lief. Zu Spoleto ward er von einem eiferſüchtigen Ehemanne vergeben. Gemeiniglich ſind die Bilder der Mutter GOttes Bilder der Maitreſſen der vornehmen Herren. So ſtehet zu Halle des Herzog Albrechts zu Luthers Zeiten geweſene Maitreſſe, als ein Marienbild. 5) Der fünfte groſſe Mahler, und der erſte, der mit Oelfarben gemahlet, da die andere nur Eierweis oder Gummi und Leim-Waſſer dazu nahmen, hieß *Antonius* von *Meſſina* aus Sicilien. Er gieng zu Florenz bey einem Mahler in die Schule. Er kam anno 1440. zu dem Könige von Neapel, Alphonſo, der ihm ein ſchönes Niederländiſches Bild von dem Johann von Eick zeigte.

zeigte. Er gieng darauf nach den Niederlanden zu dem Eick, brachte ihm viele Römische Risse mit, und lernete von ihm das Geheimnis der Oelfarben. Er lehrete es einen Dominicaner-Mönch wieder, und starb bald darauf. Der Dominikaner-Mönch hieß Frater Timotheus, zu dem sich ein anderer Mahler, Andreas de Castagno fügte, den er es lehrte, der ihn aber ermorden ließ, damit er die Kunst allein üben mögte. 6) Der sechste Mahler ist Leonardo *Vintohi*, der studirt hatte, und die Mathematick verstand. Er ist der erste, der in einem Buche die Mahlerey in Kunstregeln gebracht hat. Der berühmte *Bussing* hat es zu Paris französisch heraus gegeben. Der Vintohi sahe mehr auf die Natur, als auf die Antiquitäten. Er legte sich stark auf das ..... Mahlen. Unter seinen Stücken zeigt man die Einsetzung des Nachtmahls Christi, im Refectorio der Dominicaner zu Mayland; er bekam für jeden Tag 70. Rthlr. und mahlete langsam; der Prior ward darüber verdrieslich; daher er denselben als den Judas abmahlete. Der König in Frankreich, Franciscus I. nahm ihn mit nach Frankreich, da er anno 1520. zu Fontainebleau starb. Er war aber nicht sehr glücklich im Treffen. Doch war seine Kunst so groß, daß ihn

der

der grosse Rubenz zum Vorbilde erwählete. Die Fleischfarbe hat er sehr schön treffen können. 7) Michael *Angelo* war von Chiusi in Florenz gebürtig. Seine Mutter konte ihn nicht selbst säugen, daher sie aus dem Dorfe Septimiano eine Steinhauer- und Mahlerfrau zur Amme nehmen muste. Er empfand daher, ob er gleich ein Edelmann war, grosse Lust zum mahlen, und der Chirlatino war sein Lehrmeister. Er hatte einen grossen Verstand, und hatte die Anatomie gelernet, und konte daher die Cörper sehr schön ausdrucken. Der Pabst Sixtus V. zog ihn gleich nach Rom, woselbst er in dessen Capelle das jüngste Gericht mit erstaunend vielen Menschen, und jeden mit besonderer Stellung, gemahlet hat. Es ist ein Kupferstich auf unserer Bibliotheck zu sehen. Die zwölf Apostel stehen um Christi Richterstuhl, und haben die Instrumente in den Händen, womit sie als Märtirer hingerichtet worden. Er hat aber auch die Mythologie mit hinein gemischt. Den Cardinal Cassanetta, der ihm nicht gewogen war, mahlete er in die Hölle. Zu Fontainebleau findet man von ihm die Fabel des Jovis und der Leda, welches Stück Franciscus I. mit vielem Gelde bezahlet hat. Er starb anno 1468. und zu Rom ward ihm ein schönes Epitaphium gesetzt.

gesetzt. Viele Annehmlichkeit ist nicht in seiner Mahlerey, aber wohl viel starkes. Besonders hat er nicht gute Perspective gemacht. Zu Florenz, Neapel, und Mayland, zeigt man von ihm ein Crucifix, wovon man erzehlet, daß er einen Bauren, den er selbst gecreutziget, so abgemahlet habe. Es ist aber eine Fabel, da auch sein frommes Leben ein anders bezeuget. Die Italiäner nennen ihn Divino. 8) *Piedro Perusino* war zu Perusia von schlechten Eltern gebohren. Seine Stücke werden mit allgemeiner Verwunderung angesehen. Er muste sich erst aus Armuth nur mit Farbenreiben ernähren. Er ward aber mit dem Ferroggio bekannt. Er hatte eine ungemeine Geschicklichkeit, die Köpfe der Frauenzimmer sehr lieblich zu mahlen. Er hat sehr fleißig in Fresco gemahlet, und zu Florenz ein Portal in einen Speisesaal. Er brauchte viel Ultramarin, welches die kostbarste blaue Farbe war. Der Prior gab ihm nur so viel, als er in einer Stunde gebrauchte; er wusch aber immer den Pinsel wieder aus; und da sich der Ultramarin an den Rand gesetzt, so gab er ihn so dem Prior wieder, und beschämte ihn sehr. Er mahlete auch schöne Madonnas, und nahm dazu von einer Frauen das Muster. Er trug immer alles sein Geld bey sich, welches

ches ihm die Spitzbuben einmals wegnahmen, und ihn noch dazu schlugen, worüber er sich zu tode grämte. 9) Der Nachfolger des Perusino war der grosse *Raphael Sancho* von Urbino, allwo er anno 1483. gebohren war. Er war sehr insinuant, und bekam daher die Schlüssel zu den Gemählden des Angelo im Vatikan, und lernete daraus vieles. Er war Reich im Erfinden, und nahm auch viele Schüler an, mit denen er immer in der Stadt herum gieng, und die Statuen betrachtete. Seine Risse sind sehr natürlich, aber sein Schatten ist zu schwarz. Er hat sich aber immer mehr und mehr vollkommen gemacht. Sein letztes und vornehmstes Stück ist die Verklärung Christi auf dem Berge Thabor, in der Kirche Montotorio zu Rom. Er mahlete auch fleißig auf irdenes Geschir von Valenza, wo der beste Ton ist, da er sich in eines Töpfers Tochter verliebt hat. In einer Apothecke zu Loretto findet man davon 338. Apötheker-Büchsen. Er starb anno 1520. und man setzte ihm folgendes Epitaphium: Ille hic est Raphael, timuit quo sospite vinci Rerum magna Parens, (scilicet Natura,) & moriente mori. Man verehret sein Bildnis, wie ein Heiligthum. Viele ziehen seine Bilder den Bildern des Michael Angelo vor; allein

M 2   in

in des Angelo seinen ist noch mehr Stärke. 10) Raphaels liebster Schüler und eingesetzter Erbe von allen seinen Rissen war *Julio Romano*. Raphael brauchte ihn, seine Gemählde auszumahlen, und kan man darunter keinen Unterscheid warnehmen. Er hat die Colorit sehr genau beobachtet. Das beste Stück von ihm ist der Saal im pábstlichen Pallaste im Vatikan, den man den Constantins-Saal nennet, da die Besiegung des Maxentii, und das dem Constantino Magno erschienene Creutz im Himmel schön vorgestellet ist; dabey auch des Hvppoliti de Medices Zwerch als ein Wunderzeichen stehet. Er starb anno 1544. zu Mantua. Er muste von Rom weg, weil er unzüchtige Gemählde gemacht hatte. 11) *Polydorus de Cavaraggio* war aus einem Dorf gebohren, und ließ sich brauchen, Steine und Kalk zu führen, da er immer des Raphaels Gemählde eifrig betrachtete. Dieser merkte solches, und lehrte ihn die Mahler-Kunst, da er denn der gröste Mahler in Fresco ward. Er machte erst einen schwarzen Grund, und darüber weisse Farbe, und machte mit einem eisernen Griffel die Schattirung, welches die Italianer Encratignare nennen. 12) Der zwölfte grosse Mahler ist *il Parmesano*. Er heißt eigentlich *Francesco Mazzoli*, und war ein

Schüler

Schüler des Raphaels. Er mahlete sehr fleißig und zärtlich. Er war aber ein Chymicus, und brachte sich dadurch in Armuth. 13) *Piedro de Cortona* hat es am weitesten in der Annehmlichkeit, aber selten ein Stück zur Vollkommenheit, gebracht. Seine Risse sind nicht so accurat. In der Colorit hat er es aber auch am weitesten gebracht. Er hat den ganzen Berberianischen und Pamphilianischen Pallast gemahlet. Man machte auf ihn das Anagramma: Corona de Pitori. Die Römische Schule hat den besten Riß gemacht, und den ersten Grund zur richtigen Zeichnung gelegt. Sie haben aber die Farben nicht recht gemischt, und die Kleidungen nicht recht getroffen. Conf. Georg *Wasari*, eines Mahlers von Aretino, Lebensbeschreibungen der Mahler zu Florenz 1586. Desgleichen Giovanni *Ballione*, Florenz 1642. 4to. (II.) Die Lombardische Schule ist auch sehr berühmt. Die Lombardie wird insgemein derjenige Theil von Italien an den Alpengebürgen genannt, der von dem Po durchstrichen wird, und den die Longobarden bewohnet haben. Die Lombardische Mahler gehen in vielen Stücken von der Römischen Schule weit ab. Die Florentinische und Römische Mahler haben sich besonders nach alten Statuen gerichtet,

M 3 und

und die vollkommene Zeichnung ist ihr Hauptwerk gewesen. Die Lombardische Mahler hingegen haben nur immer die Natur vor Augen gehabt. Sie haben sich auch bemühet die Farben zu verbessern. 1) Der erste und berühmteste Lombardische Mahler ist *Antonio Allegri di Correcio*, welches ein kleines Fürstliches Ländgen ist, davon dieser Mann den Namen erhielt, der durch die Nachahmung der Natur einer der grösten Mahler geworden ist, und von Andrea Mantennio nur einige Unterweisung bekommen hat. Seine Kunst bestand hauptsächlich in der unvergleichlichen Colorit. Er hatte ganz neue Gedanken, und sein Pinsel war, als wenn ihn, wie man sagte, eine Englische Hand geführet hätte. Er hatte nie eine schöne Statue oder Gemahlde gesehen, und ward um so vielmehr bewundert. Er war aber doch blutarm, weil er sich seine langwierige Arbeit nur schlecht bezahlen ließ, und nur 40. Jahr alt ward. Man findet nur sehr wenige Stücke von ihm, und besonders zu Parma und Modena. Zu Parma hat man von ihm in einer Kirche die Himmelfarth der Maria. Das schönste Stück ist die Geburt Christi, in der Gallerie des Herzogs von Modena, da er das Kind JEsus in einem unvergleichlichen Glanze gemahlet:

er

DE PINACOTHECIS.

er hat es anno 1522. für 7. bis 8. Louis d'or gemacht; jetzt ist es unschätzbar. Zu Wien in der Kayserlichen Gallerie stehet von ihm ein Cupido, der den Bogen spannet, davor der Erzherzog Leopold in den Niederlanden 18000. Ducaten gegeben hat. Es gehören hieher auch die drey Brüder Caracio: 2) *Ludewig;* 3) *Augustinus;* und 4) *Hannibal.* Ludwig hat in geistlichen; Augustinus in Fresco; und Hannibal in weltlichen Stücken, excolliret, welcher letztere es aber beyden zuvorgethan. 5) *Guidoreni* gehöret auch dahin, welcher der Caraciorum Schüler gewesen, sich aber bey dem Raphael perfectioniret hat. Er war sehr kostbar, und eine jede Figur in der Historie muste mit 400. Rthlr. bezahlet werden. Er hat auch sehr wenig gemahlet. 6) *Dominico Zandoreni,* den die Italiäner Dominicino nennen, hat auch sehr schön gemahlet; er ist anno 1641. gestorben. Die Lombarder haben die Grundfarben sehr wohl angelegt, und sehr frey gemahlet. (III.) Die **Venetianische** Schule hat die Colorit aufs höchste gebracht, und der Natur am besten nachgeahmet. 1) *Jacquono Bellini* ist ein vortreflicher Mahler gewesen, der so schön gemahlet hat, daß der Grossultan, Mahomet der zweyte von ihm verlangte, er solte ihm den Kopf Johannes

hannes des Täufers mahlen, den die Türken sehr verehren. Er starb anno 1445. 2) Sein Sohn *Johannes Bellini* brachte es noch höher in Farben. 3) Ihm folgte *Georgio de Castello Franco*, der noch einen grösseren Geist in Farben zeigte, der aber immer schreckhafte Vorstellungen mahlete. Er starb anno 1511. und ward nur 33. Jahr alt. 4) *Titiano de Verzelli* ist der gröste Contrefait-Mahler gewesen. Carolus V. saß ihm fünfmal, und ließ ihm jedesmal 1000. Ducaten zahlen. Alle grosse Herren musten zu ihm ins Zimmer kommen. Carolus V. sagte, man hätte ihm die Unsterblichkeit zu danken. Er war erstaunend stark in der Colorit. Er ist auch sehr glücklich und reich gewesen, und 98. Jahr alt worden. Frauenzimmer mahlete er nach seiner Maitresse, der Violonda. Er mahlete die Liebe der Götter in 8. Stücken, die der Herzog von Savoyen dem Herzogen von Marlborough schenkte, der sie in dem Pallast von Blindheim aufbewahret hat. 5) *Jacobus Robertus Tindoret* hat sich den Michael Angelo und den Titiano zum Muster vorgestellet. Er hat unter allen Venetianern am lieblichsten gemahlet. Er starb anno 1592. im 82sten Jahre seines Alters. 6) *Paullus Caliari*, *Veronese*, eines Bildhauers Sohn, kriegte aus des

Titia-

Titiano und des Tindorets Schriften eine grosse Geschicklichkeit, und mahlete viele Stücke. Der König von Spanien Philippus II. wolte ihn nach Escurial haben. Er blieb aber zu Venedig. Er mahlete schöne Historien, nur daß er die Kleidungen der Alten nicht getroffen. Das schönste Stück von ihm ist die Hochzeit zu Cana, im Refectorio des Closters Georgii Majoris zu Venedig. Es ist 32. Fuß breit, und 20. Fuß hoch. Er hat aber das Braut-Paar zu sehr versteckt; und die Gäste sind nicht aufmerksam auf Christi Wunderwerke. Er bekam 300. Ducaten dafür. Ihm ward vom Rath die Inscription gesetzt: Naturæ æmulo, Artis miracalo, Fama victuro, posuit. 7) *Jacobus Palma* ist dem Titiano am nechsten gekommen. Er starb anno 1530. Er mahlete nur nackte Bilder. Zu Venedig in der Domkirche stehet Christi Abnahme vom Creutz; und in der Kirche St. Barbaræ diese Heilige von ihm. Zu Nürnberg sind von ihm 7. Stücke, wofür der Grosherzog von Florenz 100000. Rthlr. geboten. 8) *Jacobus de Ponte Passano* starb anno 1582. und ist dabey erkenntlich, daß er bey allen Gemählden einen Hund gemahlet. Er hat sehr viele Stücke gemahlet. Er verstand aber die Historie gar nicht. Z. E. wie Christus die Martha und Maria

ria besuchet, so schneidet der Koch in der Küche bey diesen Jüdinnen Schweinwürste. (IIII.) Die Bolognesische Schule ist auch sehr berühmt. Bologna, eine ehemahlige Reichsstadt, die jetzt dem Pabst gehöret, ist eine der schönsten Städte mitten in Italien, und auf so gutem Boden gelegen, daß sie la crassa, die Fette genannt wird. Sie ist jederzeit eine Mutter guter Künste und Wissenschaften gewesen, da die reiche Bürger vieles darauf verwand haben. Die Bolognesische Schule ist die jüngste. Die Bologneser sahen, daß an den bisher so schön gemahlten Gemählden noch ein gutes Gewand oder Kleidung fehlete. Sie suchten daher bey Gemählden auch das Gewand recht vorzustellen. Es wurde dazu eine accurate Zeichnung und schöne Colorit erfordert. Daher muste nachher ein jeder Mahler zu Rom das Zeichnen, zu Venedig die Colorit, und zu Bologna das Gewand mahlen lernen. Die Bologneser zeichneten auch wohl nach der Natur, und brachten den Gliedermann auf, eine hölzerne Statue, deren Glieder man beugen konte, dem sie Kleider anzogen, und darnach mahleten, und es so weit trieben, daß man auch erkennen konte, ob es tücherne oder seidene Kleider seyn solten. Sie zeichneten erst nach den alten Römischen Figuren. Daher die

jetzige

jetzige Mahler, wenn sie auch ein neues Kleid mahlen, es mit einem Mantel umschlagen, um ihre Geschicklichkeit zu zeigen, und die vielen Moden Veränderungen zu vermeiden. 1) *Michael de Caravacio* ist der erste gewesen, der es excoliret. 2) Ihm folgte *Franciscus Baberini*.

Die teutsche Schule zeiget, daß man auch unserer teutschen Nation das Lob nicht absprechen könne, daß sie sich, ohne Unterweisung der Italiäner, in der Mahler-Kunst hervorgethan habe. 1) Der erste ist Albrecht Dürer aus Nürnberg, eines Goldschmieds Sohn, der anno 1471. gebohren worden. Er wolte seines Vaters Kunst lernen, und erlernete auch das Zeichnen, und verliebte sich in die Kupferstecher-Kunst, und bat seinen Vater, ihn einen Mahler werden zu lassen, der ihn zu dem Michael Wohlgemuth, einem schlechten Mahler, that, da er die Farben mischen lernte. Er legte sich auf die Mathesin, um die gehörige Proportion, und besonders in Perspectiven, zu beobachten. Vor dem 33sten Jahre hat er sich nicht hervor gethan. Er starb anno 1528. zu Nürnberg im 57ten Jahre seines Alters. Seine Bilder sind wegen der Proportion, der Perspectiv, und schönen Erfindungen, zu loben. Doch hat er
noch

noch viel Gothisches, da er keine schöne Stücke gesehen. Er hat fast alle Stücke auf Holz gemahlet, und alles starck vorgestellet. Der Kayser Maximilianus I. liebte ihn sehr, und würde ihn nach Wien gezogen haben, wenn er von seiner Frauen nicht zu tode gemartert worden wäre. 2) *Johannes Hoblbein* war zu Augspurg anno 1498. gebohren. Er begab sich nach Basel, da er den berühmten Toden-Tantz und das Leiden Christi mahlete; welches der Desiderius *Erasmus* sahe, und ihm rieth, nach Engelland zu gehen, da er ihn an den Thomas *Morus*, den Cantzler des Königs Henrici VIII. recommendirte. Er legte sich nur erst auf das Fresco-Mahlen. Er starb zu Londen anno 1554. Er hatte einen überaus schönen und leichten Pinsel, ungeachtet er keine schöne Italiänische Stücke gesehen hatte. Alle Stücke, die wir von ihm haben, sind aus Engelland zu uns gekommen. Er hatte die Anna von Cleve, die Braut des Königs Henrici VIII. zu schön gemahlet, die auch hernach von ihm geschieden ward. 3) *Lucas Cranach* war aus einem Bambergischen Flecken Cranach gebohren, und hat sich am Sächsischen Hofe aufgehalten. Er war ein sehr schöner Porträtmahler. Er starb zu Weimar anno 1553. und hatte einen schönen Pinsel. 4) Seinen

Seinen Sohn *Lucas Cranach* den jüngern, Burgermeister zu Wittenberg, liebte Carolus V. sehr, weil er ihn, nach dem Titiano, am besten getroffen hatte. Er starb anno 1581. 5) *Carl Screta*, ein Böhme, war Hofmahler des Kaysers Rudolphi II. Er mahlete sehr lieblich und natürlich, und hat meistentheils grosse Stücke gemahlet. Er starb anno 1634. Die Schweden haben die meisten Stücke von ihm aus Prag genommen. 6) *Christoph Amberger*, ein Schüler des Hohlbeins, mahlete den Kayser Carolum V. auch, und Titiano sagte, er hätte es nicht besser machen können. Am Baierschen Hofe hat er die ganze Baierische Historie gemahlet. Zu München sind es Stücke von Joseph, die er gemahlet hat. 7) *Mathias Grünewald* war von Aschaffenburg in Francken am Maynstrom, und lebte zu Dürers Zeiten. Zu Franckfurt hat er das grosse Mars-Blatt im Predigen-Closter gemahlet. Er starb anno 1510. 8) *Joachim Sandrard* war zu Franckfurt anno 1612. gebohren. Bey dem Honthorst in Utrecht lernete er das Mahlen, und in Italien lernete er noch viel mehr, und brachte es am höchsten. Er mahlete viele Mahre, und starb anno 1684. Er hat auch das grosse Werck: die Mahler-Academie, heraus gegeben, da er seine Gedancken angezeiget selbst von der Mahlerkunst handelt, und alle Bilder und Leben der Mahler vorstellet. Es ist sehr rar geworden, da die Kupfer-Platten verlohren sind. Es waren vier Folianten. Den Teutschen wird vorgeworfen, daß sie was Gothisches an sich hätten; der Einbildung mehr, als der Natur, folgten; zu trockene Farben gebrauchten; keine gute Ordnung in historischen Stücken zeigten. Sie sind aber doch in gewissen Stücken, z. E. in Vorstellung der Affecten, zu rühmen.

Die Niederländische Schule verdienet auch unsere Aufmerksamkeit. Durch die Niederlande verstehe ich die 17. grosse Provinzen, die von dem Hause Burgund an Oesterreich, von da an Spanien, kamen, und aus dieser Botmäßigkeit freye Provinzen geworden sind. Das Auffommen der Mahlerey beförderte die Erfindungs-Kraft und Arbeitsamkeit der Nation, der Pracht des Burgundischen Hofes, der da war, die reiche Clöster, und die reiche Kaufmannschaft. Die Mahlerey ist da so alt, als in Italien. Die zween Brüder, 1) *Hubert*, und 2) *Johann van Aick*, aus Massaick gebürtig, die von 1431. bis 1441. florirten, haben bloß aus Nachahmung der Natur die schönsten Bilder gemacht. Da man

man aber nur mit Wasser- und Leimfarbe mahlen konte, und die Farben verschossen: so wolten sie einen Firnis erfinden, und verfielen darauf, Oelfarben zu machen, und machten also die Mahlerey lebhafter, angenehmer, und beständiger. Die Italiäner sagen, der Colantona, ein Neapolitaner, hätte sie anno 1436. erfunden. Allein dieses ist unrichtig, da die Oelfarbe erst spät nach Italien gekommen ist. In der Kirche St. Johannis zu Gent trift man die erste Probe von diesen Brüdern an, nemlich die Verschreibung Abrahams vor den Aeltesten des Landes. Hubert starb, und Johann gieng nach Brügge, der reichsten Handelsstadt, da er Tapeten-Modelle mahlen muste, die da erfunden worden. 3) Der Schüler der beiden Brüder war *Lucas van Leuwen*, der anno 1533. starb. 4) Zur selbigen Zeit lebte *Quintin Messis*, ein Schmied zu Antwerpen, der sehr stark mahlete, und anno 1529. gestorben ist. 5) *Petrus Pruigel* gieng nach Italien. Er sahe mehr auf die Natur, als auf die Kunst. Weil er sehr bäurisch war, so machte er auf Dörfern lauter Bauren-Stücke, aber sehr schön. Er starb anno 1557. 6) *Frantz Flore* von Antwerpen gieng auch nach Italien, und profitirte vom Raphael, daher er der Flandrische Raphael genannt wird. Er mahle-

mahlete jeden Tag nur sieben Stunden, aber sehr schön. Er starb anno 1577. 7) *Bartholomæus Spranger* war auch von Antwerpen, und gieng auch nach Italien. Der Cardinal Farnese nahm ihn gleich auf, und gab ihm viel zu mahlen. Er folgte aber seiner Phantasie zu viel. Er gieng nachher an den Hof des Kaysers Maximiliani I. und ward auch vom Kayser Rudolpho II. sehr geehret. 8) *Peter Paul Rubenz*, ein Sohn eines grossen Rathsherrn zu Antwerpen, die allemal geadelt werden, war anno 1577. gebohren, und hatte zu Löwen wohl studiret, und die Mythologie inne. Er legte sich aus Curiosité aufs Zeichnen. Er kriegte aber so grosse Lust dazu, daß er zum Ottovenius nach Antwerpen gieng, und die Mahlerey lernete, auch 7. Jahr nach Italien gieng, und vollkommen schön mahlen lernete. Wie er zurück kam, so wunderte sich jedermann über die Fecundité seines Geistes. Er mahlete fast lauter Historien. Die gröste Probe davon ist die Galerie von Luxemburg, da die Vermählung des Königs von Frankreich Henrici IIII. mit der Maria de Medices abgebildet ist. Die Glieder hat er ein wenig zu starck gemacht. Doch wuste er seine Bilder schön einzutheilen. Bey den Jesuiten zu Antwerpen ist der Höllenpfuhl von ihm gemahlet,

darin

darin 80. besondere Gesichter sind. Er mahlete auch vortrefliche Landschaften und Jagden, und wenige unvergleichliche Portraits. Als er die Galerie von Luxenburg mahlete, so lernete ihn der Duc de Byckingham, der Liebling des Königs von Engelland, kennen, der ihn nach dem Könige Carolo I. nach Londen brachte. Er starb anno 1640. zu Antwerpen, da er einen Bissen Brod im Husten verschluckte, und erstickte. Er war ungemein freundlich, und gar nicht neidisch, sondern belehrete gern einen jeden. 9) *Gerhard Hundhorst* war ein sehr angenehmer Mahler, der am Englischen Hofe vieles für Carolum I. mahlen muste. Er war nicht so sinnreich, aber noch weit angenehmer, als Rubens. 10) *Michael Ganson Merefeld* war ein grosser Porträtmahler, deren er 10000. gemahlet hat, und für jedes bekam er 150. Rthlr. Er war aber sehr liederlich, und starb sehr arm anno 1580. 11) *Anton van Taik* war Rubenzens Schüler, und ward von demselben sehr geliebet. Er gieng nach Venedig, Frankreich, Engelland, und ward daselbst sehr hoch geschätzt. Er mahlete kaum 7. oder 8. Historien, aber lauter Portrais, und meistentheils Kniestücke; und hat fast keiner so schöne Köpfe und Hände gemahlet. Er hat seine **Portraits** selbst in Kupfer gestochen, und

und heraus gegeben. Er war fast der allgemeine Europäische Porträtmahler vornehmer Herren. Er konte aber auch den mürrischten Herren angenehme Minen geben, ohne zu schmeicheln. Der Marquis *d'Argens* hält ihn für den grösten Porträtmahler, und sagt, er habe alle Schönheit aller Mahler beysammen gehabt. Er wurde nicht alt, und starb anno 1641. Er hat auch den Italiänern sehr nachgeahmet. 12) *Rembrand van Rain*, einem Dorfe bey Leyden, war eines Müllers Sohn. Er ahmte blos der Natur nach, und keinen schönen Gemählden. Es hat ihn keiner im Haaremahlen übertroffen, da man fast alle Haare zählen kan. Die meisten Stücke von ihm haben die Engelländer in ihre Galerie gekauft. 13) *Blomard*, der auch seinem Genie folgte, mahlete ungemein schöne Landschaften, und auch schöne Gewande. Er starb anno 1677. Sein Sohn ist der geschickte Kupferstecher Cornelius Blomard. Es sind mehrere Niederländische Mahler, als Italiänische und Teutsche, da auch ein grosser Bilderhandel daselbst geführet wird. Die Niederländische Mahlerey folgt nur der Natur. Die Stücke sind auch sehr klein.

Die

Die Französische Schule wird nun überall in Europa Mode, welches gnug von der thörichten Bemühung, sich den Franzosen gleich zu machen, zeuget. Sie ist die jüngste, und erst anno 1667. entstanden, da der berühmte Colbert auf Kosten des Königs zu Rom und Paris eine Mahler-Academie anlegte. Vor Francisco I. dem Vater aller Künste in Frankreich, wuste man nichts von der Mahlerey. 1) Es that sich da ein Mahler *Jean Cousin* hervor, in einem Dorfe Susy, der die Mathematick studirte, und Lust zum Mahlen empfand, auch artige Stücke mahlete. Er hatte aber keine gute Farben, da sie alle verschossen. Er legte sich also auf das Glas-Mahlen, das die Farben beständiger macht. Er hat von Francisco I. bis auf Carolum VIIII. gelebet. Wir finden viele Glasscheiben von ihm. 2) *Simon Vouet*, ein Pariser, fieng auch an vor sich zu zeichnen, und der französische Ambassadeur Sancy nahm ihn mit nach Constantinopel. Vouet mahlete aus dem blossen Gedächtnis den Grossultan sehr schön ab. Er gieng nachher nach Rom, und bekümmerte sich also zuerst um die Italiänische Mahlerey. Er hielt sich zu Rom 14. Jahre auf. Ludovicus XIIII. lernete hernach selbst von ihm das Mahlen, da er überhaupt auf Kleinigkeiten verfiel. Vouet hatte sich besonders in des Caravacio Arbeit verliebt. Ihm hat auch Frankreich nur den Italiänischen Geschmack zu danken. Er hatte auch viele Schüler. Er starb anno 1641. im 59sten Jahre seines Alters   3) *Nicolaus Boussin* war von Andeli in der Normandie gebürtig; und wie man alle Einwohner der Normandie für thöricht hält, so mahlete er auch lauter scherzhafte Stücke. Der französische Ambassadeur Marino nahm ihn mit nach Rom, nach dessen Tode es ihm aber schlecht gieng, da er nur ums Brod arbeitete. Endlich gieng er wieder nach Paris, und Ludovicus XIIII. ließ von ihm die Schloß-Capelle zu St. Germain ausmahlen. Die Schüler des Vouets beneideten ihn aber sehr. Daher er anno 1665. wieder nach Rom gieng, und starb. Seine Gemählde sind erst nach seinem Tode hochgeschätzt worden. Wie er nach Rom zurück gekommen war; so muste er vor den Prälaten Massini viele Stücke mahlen. Er war aber sehr neidisch, und belehrete nicht gern jemanden. Seine Fleischfarbe ist gar nicht annehmlich, obgleich die Zeichnung richtig ist. Die Kleidung ist auch nicht wohl gerathen, und hat er mehr auf den Riß, als auf die Colorit und die Natur gesehen. 4) *François Berrier*, ein Schüler des

des Vouets, bettelte sich nebst einem blinden Pilgrim nach Rom, und perfectionirte sich. Er muste nachher die grosse Galerie in der Thüillerie mahlen. 5) *Nicolaus Mignord* von Troie in Champagne, der schöne Historien mahlete, hielte die Stadt Rom für die rechte Quelle aller Kunst in der Mahlerey, und gieng auch dahin. Als er zurück kam, so gieng er nach Avignon, zu seiner Gel...... anno 1659. muste er an den Hof, mahlete da sehr viel, und starb anno 1668. 6) *Sebastian Bourdeaux* von Montpellier, ein Hugenotte, war ein sehr feuriger Geist. Die Königin Christina zog ihn nach Stockholm. Weil er sie aber nicht schön genug mahlete, da sie doch hinten und vorn einen Puckel hatte, und sie ihn nicht gnug bezahlete, so gieng er wieder nach Frankreich. Weil er zu flüchtig war, so machte er selten ein Stück aus. Er stellete eine Wette an, in einem Tage sechs alte Männerköpfe, und sechs alte Weiberköpfe, deren einer noch heßlicher, als der andere wäre, zu mahlen. Er mahlete in der Domkirche zu Paris die sieben Werke der Barmhertzigkeit. Er starb anno 1642. 7) *Philipp de Champagne* von Brüssel folgte ihm, und ward vom Cardinal Richelieu hoch gehalten. Er mahlete schöne Historien, und starb anno 1662.

8) *Char-*

8) *Charles le Brun*, ein armer Bildhauers-Sohn von Paris, ist die Crone der französischen Mahler. Er ward einem Mahler, der in dem Garten des Canzlers Sequiere arbeitete, in die Lehre gegeben. Der Canzler bewunderte das Genie dieses zehenjährigen Knabens, und gab ihm daher einen andern Mahler, und bezahlte für ihn. Im 15ten Jahre mahlete er den Streit des Hercules mit dem Diomedes sehr schön. Der Sequiere schickte ihn nach Rom und Venedig. Bey Tag mahlete er, des Nachts laß er schöne Bücher. Zu Paris setzte er sich in ein solches Ansehen, daß er erst 12000. und hernach 24000. Livres Pension vom Könige bekam, und der Colbert, der den Fouquet, der ihn erhoben, stürzte, erhöhete ihn noch mehr. Er mahlete vollkommen schön. Seine beste Stücke sind die Batailles des Alexandri Magni, und besonders das Stück, wie derselbe die Familie des Darius gefangen bekommen hat. Sie sind nach Versailles gebracht, und auch in Kupfer gestochen worden. Er hat in grossen Ehren gelebet bis anno 1690. und auch viele Bücher geschrieben. Dieses bewog den Colbert, den König zu bereden, daß er zwo Academien der Mahler, die eine zu Paris, und die andere zu Rom, anlegte. Wer zu Paris einen Preis erhalten,

der

der komt nach Rom, und muß da des Raphaels und des Angelo Stücke abmahlen. Hieraus sind viele schöne Mahler entstanden. Die Franzosen haben alles von den Italiänern erlernet, gehen aber oft sehr weit von denselben ab. Sie sind gar nicht accurat, und ihre Colorit ist gar nicht dauerhaft, da sie überhaupt zu flüchtig mahlen.

Was die verschiedene Arten zu mahlen betrift, so ist davon folgendes zu merken. 1) Man trift Gemählde an auf nassen Kalch, welches die Italiäner *al Fresco* nennen. Es wird nemlich auf eine trockene Wand nasser Kalch gestrichen, glatt gemacht, und darauf mit Farben gemahlet, da die Wand die Farben sehr fest an sich ziehet. Es gehören dazu Erdfarben und Oelfarben; denn alle andere vergehen darauf. Dahin gehöret Ocker, Ultramarin, Umbra, und Kienrus. Es gehöret dazu ein freyer und leichter Pinsel. Diese Mahlerey ist sehr üblich in Italien, auch zu Augspurg und Nürnberg; aber nicht in den Niederlanden, da die Seeluft die Farben verzehret. Die Mahler, die sich zu sehr darauf legen, verderben ihre Hand, da man es gleichsam die grobe Mahlerey nennet. 2) Die andere Mahlerey ist grau in grau *Claroscuro*. Die Farben sind schwarz, gelb,

gelb, roth, und grün. Caravacio und Guadoreni haben darin excelliret. Heut zu Tage ist sie nicht mehr recht Mode. 3) Es ist in Italien noch eine Art, die sie *Crassito* nennen. Eine gemauerte schwarze Wand wird weis gemacht, und darin Risse gezeichnet. Der Stall zu Dresden und zu Wien ist so gemacht, da die andere Farben vom Pferde-Dunst verderben. 4) Noch eine Art ist *Emaille*, da die Farben durch Feuer eingebrannt werden. Es wird entweder auf Metal, Kupfer oder Gold, da kein anderes es annimmt, oder Töpfers-Arbeit gemacht. Die Stadt Limoge in Frankreich hat vormahls sehr darin excelliret, die in lauter Kupfer geschmelzt haben, welches die Limosinat-Arbeit genannt wird. Die Farben werden dicke auf das Metal getragen, und so in den Ofen gelegt. Es ist den Farben nach ganz unvergänglich, aber im höchsten Grade zerbrechlich, und man kan auch nicht grosse Stücke machen. Die grösste sind eine Elle lang, und eine halbe Elle breit. Boet, ein Schwede, hat darin sehr excelliret. Man erzehlet, er habe dem Kayser Leopold ein Ovalstück gemacht, worauf seine ganze Familie abgemahlet war. Der Kayser zeigte es einstmals, und warf es unversehens vom Stuhl, da sprang die Farbe ab. Er hatte 20000. Gulden dafür gege-

gegeben. Zu Salzthal hat der Herzog Anton Ulrich von dem grossen Voyageur, dem *Tavernier*, viele erkauft. Die emaillirte Töpfer-Arbeit ist eine Art von gemahltem Porcellain. In Italien wird daß beste emaillen Töpfer-Geschir zu Vaenza gemacht, und Maiolica genannt. Nach der Hand ist die Kunst verlohren gegangen. Ein einziger Teller wird nun für einen Louis d'or verkauft. Zu Salzthal findet man für mehr als 100000. Rthlr. 5) Das Glasmahlen ist auch eine besondere Art, die sehr von der Mahlerey auf Laternis magicis unterschieden ist. Das alte Glasmahlen ist mit Oelfarben, die eingebrannt sind, geschehen, da die rothe Farbe ganz unvergleichlich ist. Man hat viel darauf gewant, die Kirchen damit auszumahlen. Conrad Geyer, Veit Hirschvogel, Holz, und überhaupt die Teutsche und Niederländer, werden darin für inimitables gehalten, und zu Gouda in Holland ist die St. Johannis-Kirche davon ein Wunderwerk. Die Kunst ist ganz verlohren gegangen. 6) Die Miniatur-Mahlerey ist auch sehr sauber, mit Gummi und Zuckerwasser. Sie wird heut zu Tage meistentheils bey Portaits vornehmer Herren auf Pergament gebraucht, und ist sehr kostbar. 7) Die Mosaick, da man mit Steinen mahlet, ist die vortreflichste

Art; und ist schon bey den alten das Opus vermiculatum bekannt, die es meistentheils zu Pavimentis gebrauchten. Es heißt auch pictum Opus, de Mosivo. Sie geschiehet mit Marmor, kleinen Glasstücken, und Edelsteinen. Den Marmor sucht man bund aus, schneidet ihn in viereckigte kleine Stücke, und setzet von Kitt Gemählde zusammen, welche Art nur in Grotten gebraucht wird. Die mit Glasstücken und glasürten kleinen Steinen ist noch üblich. Man hat die kleinen Steine so schön gemahlet, als die Türckische und Englische Wolle. Von solchem Glasgusse macht man lange Kuchen, die man Fingerdicke zerschneidet. Diese Stücke werden nach der Schattirung in Kästgen gelegt. Soll nun gemahlet werden, so legen die Mahler die Steine nahe nach der Mahl aneinander, und verbinden es zart mit Kitt, als wenn es alles aus einem Glase wäre. Der Grund ist auch ein Rahm mit Kitt beschmieret. Der Kitt ist ein Teich von gebranntem Kalch, oder in Italien Pulver, Travertina, und feinem Sand. Mit feinem Sande, Gummi, Tragæt, Eierweis, und Leinöl, werden die Steine zusammen gesetzt. Sie sind aber sehr kostbar, da unzählige Stifte dazu erfordert werden. Kein Porträt von Mosaick kan unter zwey Jahren gemacht werden,
wenn

wenn auch 8. Hände daran arbeiten. In Italien wird es aber sehr üblich, und die Wände der Peters-Kirche werden mit solchen Bildern behangen. Die verdammte Missethäter in Spanien werden dazu gebraucht. Die älteste Mosaick zeigt sich in der St. Marcus-Kirche zu Venedig. Wenn nun die heutige Mosaick poliret ist, so kan man daran keine Fuge sehen. Die Art, mit Edelsteinen zu mahlen, hat man zu Florenz erfunden, und in Frankreich unter Ludovico XIIII. nachgemacht. Man stellt von Edelsteinen Splittergen, Vögel, Blumen, Insecten, vor. Der Grund ist von Marmor, daran die Splittergen befestiget werden. Ein kleines Tischblatt wird für 100000. Rthlr. bezahlet. Der König August von Pohlen hat für zwey 300000. Rthlr. gegeben. In Frankreich zu Gobolings legte Ludovicus XIIII. es auch an, es hörete aber nach seinem Tode wieder auf. Man kan aber mit den Edelsteinen nicht so gut schattiren.

Die Beurtheilung der Gewählde insbesondere komt darauf an. Wer von Gemählden geschickt urtheilen will, der muß wenigstens die Anfangs-Gründe vom Zeichnen inne haben. Wir wollen aber doch zeigen, was man bey Contrefaits, bey
Histo-

Historien, und bey Landschaften zu beobachten habe. (I.) Bey einem *Contrefait* hat man 1) auf das Gesicht und auf die Hände; 2) auf die Kleidung; und 3) auf die Stellunge zu sehen. Auf die Gleichheit kan man nicht allemal sehen, da man nicht allezeit die Person selbst gesehen hat. Bey dem Gesichte ist vieles zu beobachten, und da haben die Alten eine grosse Hülfe gegeben, da sie hinten das Alter der Person aufgezeichnet. Die meiste Porträts zeigen nur blosse Gesichter. Allein, Hände zu machen, kostet grosse Kunst, und sind unter tausend Mahlern kaum zwey, die geschickte Hände mahlen, weil nicht alle fest gnug in der Zeichnung sind. Allein, es hält auch schwer, dem Mahler die Hand in der erforderlichen Stellung immer so vor zu halten. Rubens und Johann von Taick sind darin die stärkste. Bey den Kleidern hat man zu sehen, ob sie nach alter Art, oder der *Caprice* der Mahler, gezeichnet sind. Auf das Haar ist wohl Acht zu geben. Rubens, Rembrand und Titiano haben darin excelliret. Auf die Stellung hat man auch viel zu sehen, oder die *Action*, darin die Person gesetzt ist. So haben sich z. E. viele mit einem Buche, andere mit einer *Fleute travers*, noch andere mit einer Laute, u. s. w. mahlen lassen. Besonders ist

ist dabey auf den Blick zu sehen, der so zu setzen ist, daß das Porträt allemal einen ansiehet, welches nicht alle Mahler können. (II.) Bey Historien kan überhaupt angemerkt werden, daß ein historischer Mahler noch seltener anzutreffen sey, als ein Contrefait-Mahler. Selbst le Brun erkannte es wegen der künstlichen Composition, der guten Einrichtung, und der besonderen Stellungen, für sehr schwer. Der Mahler muß in den Kleidungen und Stellungen keinen Fehler begehen, sondern deshalb die Alterthümer wohl verstehen. So trift man z. E. das Abendmahl Christi oft so abgemahlet, daß Christus und die Jünger sitzen, da sie doch lagen, und zwar auf der linken Seite. So mahlet man auf der Hochzeit zu Cana in Galiläa weissen Wein, da sie doch nur lauter rothen im Orient hatten. Bey Historien muß ein Mahler die Affecten auch wohl ausdrücken, welches der le Brun, Angelo, und Titiano, sehr schön beobachten. Es muß auch eine jede Person ihre besondere Gestalt haben. So hat z. E. das Altarblatt in der hiesigen Johannis-Kirche, welches von Amberg gemahlet ist, viele gleiche Gesichter. Ein Mahler muß auch bey einer ernsthaften Sache nichts lächerliches mahlen. Es muß auch die Hauptperson bey einer Geschichte in das grösste gröſte Licht geſetzt werden. Die Perspectiv muß auch wohl beobachtet werden. Man hat Hiſtorien, die ſich bey Tage, auch ſolche, die ſich des Nachts zugetragen haben. Bey den Nachtſtücken wird eine groſſe Kunſt in Licht und Schatten erfordert. Raphael hat groſſe Kunſt bey der Hiſtorie, da der Engel den Petrus aus dem Gefängniſſe führet, bewieſen. Erdichtete Stücke zeugen von der Fruchtbarkeit der Einbildungs-Kraft eines Mahlers; ſie ſind aber leichter zu mahlen, als ware Hiſtorien. (III.) Die Kunſt, Landſchaften zu mahlen, iſt eine der ſchwerſten, weil der Mahler dabey am meiſten an die Natur gebunden iſt. Es komt dabey hauptſächlich auf die Luft, die nach den Jahrs- und Tags-Zeiten einzurichten iſt, an. Es wird auch eine groſſe Einſicht in die Perſpectiv dazu erfordert. Die Gründe müſſen auch wohl nach der Natur erhöhet ſeyn. An den Bäumen muß das verſchiedene Laub auch verſchieden abgebildet werden. Eine Landſchaft ſolte billig keine Perſonen abgebildet zeigen, da die Landſchaft das Hauptwerk iſt. Die Mahler nennen das Mahlen der Perſonen auf Landſchaften ſtaffiren, und da muß man den Perſonen die rechte Gröſſe geben. Es gehören dahin auch Seeſtücke, und verfaltene Gebäude. Zu unſern Zeiten hat ſich

Agrip-

Agrippa zu Regenspurg viel Geld damit erworben. (IIII.) Endlich gehöret hieher auch noch die Beurtheilung, ob ein Gemählde ein Original oder Copie sey? Dazu muß man die Zeichnung verstehen, die Schulen kennen, und Originale gesehen haben. Man muß auch die Manier eines jeden Mahlers wohl bemerken, und dann bey einem jeden Gemählde darnach sehen. Es ist schon schwer, nur eine Zeile von einer Handschrift vollkommen ähnlich abzuzeichnen, und so ist es noch viel schwerer, ganze Gemählde ganz accurat abzuzeichnen. Wenn man also nicht viele Galerien gesehen, und sich daraus einen Geschmack erworben hat, so kan man nicht wohl davon urtheilen.

Die **Kupferstiche** und **Holzschnitte** pflegt man auch in Bildersälen aufzubehalten, und es ist eine gute Anweisung sehr dienlich dazu. Bey der Erneurung der Künste und Wissenschaften ist denselben ein grosser Zuwachs geschehen, daß man eine Kunst erfunden hat, mit so leichter Mühe ein Gemählde so vielmahl abzubilden. **Kupferstechen** heißt so viel, als etwas tief eingraben in Kupferplatte, sie mit Farben bestreichen, auf ein genäßtes Papier legen, und abdrucken. Man hat drey Arten des
Kupfer-

Kupferstechens, davon die erste die Mutter der andern ist. Man läst nemlich eine Kupferplatte schlagen, und zwar so dicke, daß man sie zum Abdrucken gebrauchen kan, auf einer Poliermühle glatt machen, und alsdenn schleift man sie selbst mit dem Gerbstahl und Baumöl so helle als einen Spiegel, und reibt sie mit alten Filzen, weil sonst leicht Risse darin verborgen sind. Alsdenn lassen die Kupferstecher, die nicht zeichnen können, die Platten mit dünner Kreide bestreichen, und drucken darin ihren Riß von Rötel ab. Ihre Grabstechel sind vom feinsten Stahl, und drey- auch wohl vierecfigt, die sie oft auf einem Steine schleifen, oder, wenn sie sie weglegen, in Quecksilber stecken, welches besonders die Schriftstecher thun. Damit macht er nun den Umriß. Schatten und Licht muß er durch Schrafirung geben, d. i. ganz kleine gerade Linien, oder Creutzlinien, oder auch lauter einfache Zirkel-Linien, welches aber viel Mühe kostet; davon ich nur eins von dem Bartholomæo Kusel habe habhaft werden können. Die Franzosen haben eine andere Art schrafiren, nemlich das Punctiren, erfunden, welches ihnen die Italiäner fast abgelernet haben. Der König von Schweden Carolus XI. dessen Leben der *Pufendorff* beschrieben, stehet davor so gestochen.

stochen. Die andere Art Köpfe zu stechen ist das Radiren. Eine wohl polirte Tafel wird mit Kreide und Eierweiß fest überzogen, und so wird mit scharfen Nadeln die Figur abgezeichnet. Darauf wird das Kupfer in einen Rand gefasset, und Etzwasser darüber gegossen, welches die Ritze tiefer einfrißt. Den Grund bringen sie nachher mit Oel wieder herunter. Wo es nun nicht tief genug gefressen ist, da helfen sie mit dem Grabstichel. Es wird aber nicht so zart. Heut zu Tage ist das Radiren sehr üblich. Die dritte Art ist die Mezo dinto, oder schwarze Kunst. Die polirte Kupferplatte wird nemlich mit einem Instrumente, wie einem Rostral mit Linien ganz in die Creutz und in die Quer überzogen, daß sie schwarz wird; wo es nun schattig seyn soll, da graben sie ein, und das Licht erhellen sie etwas. Die Engelländer haben es am schönsten gemacht. Die Stücke von der schwarzen Kunst sind am geschicktesten zum Illuminiren. Die Kupferstecher und Kupferdrucker sind aber nicht einerley, wie vor Zeiten. Man macht eine Presse, die theils in einem Druckwerck, theils in einer blossen Walze, bestehet. Das Kupfer wird ein wenig warm gemacht, alsdenn die Druckerfarbe, die aus Weinhäfen und einem Firnis von Leinöl und Kinrus gemacht,

und

und fein gerieben, aufgetragen und eingerieben wird. Alsdenn mit alten Lumpen, die fein sind, abgewischt; worauf es am meisten ankomt, und darin die Franzosen sehr excelliren. Denn, wenn das Kupfer nicht recht gewischt wird, so fält das schönste Kupfer nicht in die Augen. Das Papier wird den Abend zuvor eingeneßet. Die Presse ist zu beyden Seiten mit dickem Filz, und der Kupferstich mit einem Papdeckel, beleget. Von einem jeden Kupferstich kan man 1500. bis 2000. abdrucken, aber nicht so viel von Radiren und der schwarzen Kunst. Die erste 25. Stücke taugen nichts, aber die andere erste sind die beste, da das Rauhe von foern schon abgerieben. Die alte Griechen und Römer haben nichts von der Kupferstecherey gewust, ob sie gleich die Kunst, in Kupfer zu stechen, gekandt haben. Conf. *Junius* de Pictura Veterum. Das Buchdrucken hat Gelegenheit zu Erfindung der Kupferstecherey gegeben, und zuerst hat man in Holz von Birnbäumen geschnitten. In Frankreich und in der Schweitz haben sich grosse Künstler darin hervorgethan. Eine in Holz geschnittene Tafel kan auch so, als Buchstaben, abgedruckt werden, und sind das die kostbarste Kupferbücher, da die Kupfer eingedruckt werden. In Kupfersammlungen legt man

man sich auch auf Holzschnitte. Ob nun wohl unleugbar ist, daß sich die Mahlerey in Italien zuerst hervorgethan, und die Italiäner die rechte Kunst im Mahlen allen andern Völkern mitgetheilet haben: so ist es doch falsch, daß die Italiäner Väter von der Kupferstecher-Kunst seyn sollen, da die Teutsche und Niederländer zuerst darauf verfallen sind. Der *Vasary* in der Historie der Kupferstecher-Kunst sagt, daß anno 1460. *Madaringa*, ein Goldschmied zu Florenz, seine Arbeit auf Papier abgedruckt habe. Dieses ist aber keine Erfindung der Kupferstecher-Kunst. Es ist vielmehr erweißlich, daß *Albrecht Dürer* in Nürnberg, und *Lucas van Leyden* in den Niederlanden, zuerst angefangen haben, ihre Stücke auf kupferne Platten zu stechen, und abzudrucken, und zwar von anno 1511. bis 1530. Von *Albrecht Dürer* haben wir die Paßion Christi in zehen Kupferstichen in Folio und Octav. Vom *Lucas van Leyden* hat man viele weltliche Stücke. Von Silber läßt sich nicht leicht abdrucken. Man sticht auch in Zinn; es hält aber nicht lange; und so werden besonders Noten abgestochen, da das Zinn leicht corrigiret werden kan. Den Teutschen muß man die Ehre laßen, daß sie die Kunst zuerst fortgepflanzet haben. *Martin Schön* ist

O 2 Dürern

Dürern fast gleich gekommen; seine Stiche sind aber zu fein. *Adrian Kolard* hat die Schrafirung verbessert, und ist in Creutzstrichen stark gewesen. *Johannes* und *Ægidius Sadler* haben die Kupferstecher-Kunst recht in die Höhe gebracht. Ægidius ist bey dem Kayser Rudolpho II. gewesen, und hat vortreflich gestochen. Nach den Sadlern hat sich die Kupferstecherey fast nach Augspurg und Nürnberg gezogen, da man fast Academien dazu angelegt hat. *Bartholomæus* und *Philipp Kilian* haben im Porträtstechen excelliret. Philipps Sohn, der *Melchior Kilian*, hat schlecht gestochen. In Landschaften und Städte-Stechen hat *Merian* zu Frankfurt excelliret. Seine Topographien sind gar vortreflich. *Amling*, der Hof-Kupferstecher zu München, ist ein grosser Porträtstecher gewesen. Ihm kommen *Elias Heinzelmann* und *Heckenauer* fast gleich, aber doch nicht vollkommen. Zu unsern Zeiten sind *Schmid* in Berlin, und *Genkel* in Nürnberg sehr berühmt im Porträtstechen. In Italien gibt es eine grosse Menge Kupferstecher. *Marco Antonio* ist der älteste, der Dürers Stiche erst nachgestochen. Er hat viele Schüler in Rom, Neapel, nnd Venedig, gehabt. *Stephanus de la Bella* und *Antonius Tempesta* und *Piedro de Testa* und die beyde *Caracis racio* haben ihre Stücke und viele Antiquitäten in Kupfer gestochen. Unter Ludovico XIIII. hat man auch in Frankreich angefangen, die Kupferstecher-Kunst zu excoliren, und nun sind die Franzosen darin fast inimitables. *Gerhard* und *Benedictus Ordie* sind die erste gewesen. Zu diesen hat sich *Gerhard Edeling*, ein Niederländer, gefüget, die die Gemählde der besten Mahler vorgestellet haben; besonders die Bataillen des Alexandri Magni vom le Brun; der König hat die Platten vergulden, und in die Mahler-Academie aufhängen lassen. *Nantenie* war ein grosser Porträtstecher, der sie so groß, als das Gemählde selbst war, machte. Er hat für iedes Stück 600. bis 700. Rthlr. bekommen. Jetzt sind die grösten in Paris der *Cheraut* und der *Trevet*. Zu einem schönen Kupferstiche werden allemahl ein schöner Mahler, ein guter Kupferstecher, und accurater Kupferdrucker erfordert. Daher findet man die Worte darauf: Pinxit. Sculpsit. Excudit. Die Kupferstecherey ist darum höher, als die Mahlerey, zu schätzen, weil man mehrere davon haben kan, und alles mit leichter Mühe gemahlet werden kan. Man trift Portraits davon an von grossen Männern, und besonders Gelehrten, darin der *Boissard*, ein Cavalier aus der Franche Comté

Comté was grosses geleistet hat, der die Bilder gelehrter Leute abdrucken ließ. Ich habe sie fortgesetzt. Man hat auch viele Kupferstiche von biblischen und weltlichen Geschichten. Man hat mehr als hundert Kupfer-Bibeln. Die letzte und prächtigste ist des *Saurins* im Haag, die auf der hiesigen Bibliotheck ist. Man hat auch Kupfer von Landschaften. Man hat auch Risse von Gebäuden und Fortificationen. Endlich hat man auch Sammlungen der berühmten Gemählde grosser Männer. In Bilder-Galerien liegen sie in Schubladen. Oefters läst man sie mit Kleister, der mit Toback-Wasser abgekocht ist, in Bücher kleben. Es ist aber unrein. Man kan sie ja in Bücher nach der Ordnung legen.

Die Handrisse der grossen Mahler und Kupferstecher sind auch in Bildersälen zu sehen. Gelehrte bekümmern sich freylich sehr wenig darum. Es ist aber doch unserer Neubegierde wohl werth. Handrisse werden die ersten Gründe der Mahler und Kupferstecher genannt, die sie mit Rötel, mit der Feder, mit Kohlen, mit Kreide, oder mit einem Pinsel, auf Papier, Pergament, oder auf Leinewand, zu Ausführung eines grösseren Werks, oder ihrer Stücke halber, entworfen. Es sind entweder blosse Idealische

lische Stücke, die sie bey anderer Gelegenheit angewandt haben, oder andere. Jene nennet man Italiänisch *Scizo*, Französisch *Brouillons*. Denn alle Mahler sind nie so verwegen gewesen, ein Stück so gleich zu mahlen, sondern sie haben erst einen Entwurf vor sich gemacht. Man trift davon viele Stücke an. Die andere Art von Handrissen werden bey den Mahlern Studien genannt. Wenn nemlich die Mahler allerhand Geräde oder Glieder des Leibes für sich gemahlet haben. Sie werden auch academische Stücke genannt. Solche Handrisse sammlen die Künstler und grosse Herren sehr fleißig, und ist gewiß auch sehr viel daraus zu lernen. Grosse Herren sammlen sich dieselben, um beweisen zu können, von was für *Auctoribus* die andere Stücke sind. Man bekommt sie daher auch selten zu sehen. Sie dienen aber sehr zur vollkommenen Erkenntnis der Mahlerey. Es ist aber schwer, einen Riß wohl zu beurtheilen, da er nur aus Umzügen bestehet. Man kan aber die Wissenschaft, die Freyheit, und Geschicklichkeit, seine Ideen zu exprimiren, daran erkennen. Bey allen stehet der Name nicht, wohl aber bey den Italiänischen. Daher muß man schon vorher einen Pinsel haben kennen lernen. Man findet also, wenn man sie in Kasten besiehet, ent-

weder

weder den Namen dabey geleget oder gezeichnet, oder nicht. Die erste Risse eines Mahlers zeigen auch, was er von seinem Lehrer erlernet, und wie er sich nachher verbessert und gleichsam mit eigenen Flügeln zu fliegen, angefangen habe.

CAP. V.

Von Naturalien-Cabinettern.

Die Naturalien-Cabinetter sind deswegen vorzüglich anzusehen, weil sie Schatzkammern der Wunder des grossen GOttes sind. Alle Menschen haben eine Neigung zu der Betrachtung der Natur, und sie ist auch sehr nützlich. Vormahls hat man Natur- und Kunstkammern mit einander vermenget. Es ist aber besser, wenn sie von einander abgesondert werden. Man nennet es ein Museum Naturæ, Gazophylacium, Thesaurus, Physiotechnium. In neueren Zeiten hat der *Valentini* ein Museum Museorum Naturæ geschrieben, der des Ulyssis *Aldrovandi* Physiotechniam nachgeahmet hat. Die Materialisten haben zuerst angefangen Naturalien

ralien zu sammlen. Man hat aber behaupten wollen, daß die Naturalien-Cabinetter älter wären. Athanasius *Kircher* nennet die Arche Noah die erste Naturalien-Kammer. Man behauptet auch, daß Salomo ein Naturalien-Cabinet angelegt habe, da ihm selbst die heilige Schrift eine grosse Erkenntnis in natürlichen Sachen beyleget. Man ziehet dahin auch, daß Hiskia dem Assyrischen Gesandten seine Schatzkammer gezeiget habe, welches aber nur vom Golde und Silber zu verstehen ist. Vor dem sechszehenten Sæculo hat man kein rechtes Naturalien-Cabinet gehabt. *Aristoteles*, sagt man, habe auch ein Naturalien-Cabinet gehabt. Die Spanier schreiben, daß der grosse Kayser von Mexico einen grossen Naturalien Vorrath, einen Teich voll der rarestens Fische, und Häuser voller raren Vögel und anderer Sachen, gehabt habe, und die habe er alle in Gold und Silber abbilden lassen. Heut zu Tage pflegt man nur rare und besondere Sachen in dem Regno Naturæ animali, vegetabili, und minerali, aufzuheben. Wir wollen diese drey Reiche durchgehen.

Das *Regnum animale* gibt uns merkwürdige Sachen von Menschen und von

Thieren. (I.) Von dem Menschen hat man sich hauptsächlich bemühet, vieles aufzubehalten, da er das edelste Geschöpf ist. 1) Die Egypter sind am fleißigsten gewesen, den Leichnam des Menschen von der Verwesung zu bewahren, wovon man noch viele findet. Sie werden mit einem Arabischen Worte Mumien genannt. Die Benennung der Mumie soll Cera oder Gummi bedeuten, wie der D. *Schultz* in Halle in einer Dissertation dargethan hat. Man verstehet also durch die Mumie einen Cörper, der ausgenommen, mit Gummi, Oel, und Harz, angefüllet, und mit Binden, die eben so bestrichen sind, umwickelt ist. Man findet selten ganze, sondern meistens sind sie zerschlagen. Die meisten werden in Höhlen von Sakara bey Cairo gefunden. Sie sind uralt, und *Herodotus* und *Diodorus Siculus* sagen, daß die Egypter den Fleiß nur bis auf Cambysen angewannt hätten; nachher haben sie nicht mehr so schön balsamiret. Eine Mumie ist gemeiniglich hinten offen, weil die Araber die darin versteckten Edelsteine heraus gesucht haben. Zu Venedig und Rom sind nur einige ganze anzutreffen. Die Mumien sind mit Harz ausgegossen. Einige sagen, es sey Judenpech oder Asphaltum gewesen; da es auch stark riecht, wenn man es auf das Feuer wirft.

Man

Man hat den Cörper in ein mit Harz bestrichenes Tuch gewickelt, und dann wieder mit Harz übergossen, alsdenn haben sie sie mit Wasserfarben mit Hieroglyphischen Figuren und Götzenbildern übermahlet. Die Römer nannten es Corpus polynctum, a Polyngo, quasi poliens ungo, und die Bediente, die es thaten, hiessen Polynctores, und die Handlung Polynctura. *Rivinus* hat anno 1655: de Ritu Polyncturæ gehandelt, auch Christianus *Hoffmann*. D. *Mied* in Coppenhagen hat eine vortrefliche Mumie gehabt, die der Schotte D. *Gordon* zu London in Folio beschrieben hat. Die Mumien wurden in Eben- oder Tannenholz, welches stark mit Harz gebeizet war, geleget, welche Kasten man auch haben muß. 2) In Asien, America, und Indien gehen zu gewissen Zeiten Winde, die die menschliche Cörper ersticken, und wie Steine erhärten. In der Gottorpischen Kunstkammer waren solche Cörper. Der grosse Medicus *de la Costa* hat davon gehandelt. Man hat sie auch in Holland. 3) Man hat auch in Teutschland eine Art von Leichen, die unverweßlich sind. In Bremen sind in einem Grabe Leichen, die 300. Jahr alt sind. Ich selbst habe in dem Closter Castel bey Amberg in der Pfalz eine Tochter des Kaysers Ludovici Bavari unver-

unverweset angetroffen. Ihr war freylich das Eingeweide ausgeschnitten. Die Jesuiten liessen die Kirche renoviren, und fanden die Leiche in solcher Gestalt. Es komt wohl vom Balsamiren her. 4) Die *Embryones* oder Foetus von allen Monaten in Spiritu sind sehr schön zu sehen. In Dresden habe ich von einer Mohrin einen von drey Monaten gesehen, der eine ganz schwarze Haut hatte. 5) Man behält auch Misgeburten auf. 6) Man zeigt auch künstliche mit Wachs ausgespritzte Theile des menschlichen Cörpers, auch Gerippe der Menschen, oder Scelets, darin die Kunst sehr hoch gestiegen, da man sie auch mit den vorigen zusammen hänget. 7) Man zeigt auch verschiedene Riesengebeine und Zähne, die aber wohl von Thieren sind. 8) Man weiset auch Steine, die bey Menschen gefunden worden. In Dresden wurden fünf Blasensteine gezeiget, die so groß als eine Stachelnuß waren, die der D. *Ziegler* in Leipzig bey sich gehabt hat. (II.) Unter den Thieren trift man 1) Von vierfüßigen Thieren viele curieuse Sachen an, z. E. Glieder; Gerippe; Foetus, dergleichen in Dresden einer von einem Elephanten eine Spanne lang gewesen; Hörner, auch Hörner von Hasen. Man rechnet dahin die Elephanten-Zähne, welches wirk-

wirkliche Hörner sind, oft von 8. Fuß; in einigen findet man Kugeln, die darin geschossen und verwachsen sind. Man hat Thiere ohne Füsse, und einen Hasen mit 8. Füssen. Die Einhörner aber, die man zeiget, und die 8. Fuß lang sind, sind nicht Genuin, da man keine eigentliche solche Einhörner hat. Es sind aber Hörner vom Römfisch aus Grönland. Man hat es vormahls für das schönste Gegengift gehalten. Es läst sich, wie Elfenbein, drechseln, und der Königliche Dänische Thron zu Friedrichsburg hat Säulen davon. Man hat auch Königliche Scepter davon gehabt. 2) Nach diesen kommen die Animalia *Reptilia*, wohin allerhand Ungeziefer, auch Schlangen, gerechnet werden, davon aus Asia, Africa, und America, viele aufbehalten werden. Sie werden in grossen mit Spiritu angefüllten Gläsern aufbewahret; oder man nimmt sie aus, dörret sie, und bewahret sie so. Man schlage das Naturalien-Cabinet des *Seba* auf, so wird man sich wundern über die grosse Menge von Gewürmen. Aus Italien kommen die Taranteln, oder Schlangen von Tarento, die die Leute sehr heftig stechen. Es gehören dahin die Ameisen, die in Indien sehr groß sind. 3) Was die Animalia *Volatilia* betrift, so werden Vögel gezeiget, deren Fell man abgezogen,

gezogen, und über einen Teich gezogen hat; oder, die man ausgenommen, die Augen ausgestochen, und mit einer Mixtur von Terpentin, Spicköl und Kampfer-Spiritus, ausgespritzet, und gedörret hat. Auf die Art hat man ganze grosse Adler und Indianische Vögel aufbewahret. Oft sammlet man auch nur Federn von Vögeln, die man mit Spicköl bestreichet. In vielen Naturalinn-Cabinettern sammlet man auch besonderer Vögel Eier. Man sammlet auch Nester, die nicht ohne Verwunderung zu betrachten sind, da ein jeder Vogel seine besondere Bauart hat. Auf *Schwammerdams* Beschreibung hat man auch angefangen allerhand Arten von Insecten zu sammlen. 4) Was die Animalia *Aquatilia* betrift, so ist es eine grosse Frage, ob mehr Thiere im Wasser, als auf der Erden sind? Fische können nicht anders, als trocken, aufbewahret werden, da sie im Spiritu Vini verderben. Besonders sammlet man eine schöne Art von Muscheln und Meerkrebsen, daraus man das Fleisch nimmt. Man rechnet dazu auch Corallen und Perlen, auch den Bernstein oder Achtstein, der nur in der Ostsee und in der Gegend von Preussen gefunden wird. Der weisse wird für den schönsten gehalten. In dem braunen findet man oft Fliegen und

Insec-

Insecten. Der D. *Petzold* in Leipzig hat von dem D. *Hartmann* eine Kunst erlernet, den Bernstein aufzulösen, und andere Dinge damit zu überziehen. Der D. *Kirkring* überzog gar schon Embryones damit, und wenn er nicht gestorben wäre, so hätte er grosser Herren Leichen damit unverweslich gemacht. In den Indianischen Meeren findet man den Ambra. 5) Zu den Animalibus aquatilibus gehören auch die *Conchilia*. Man hat schon sieben bis acht hundert Arten von Conchilibus entdecket. Der grosse Engelländer Martin *Lystre*, hat inno 1685. zu Londen eine Historiam Conchiliorum heraus gegeben. Es sind darin 1689. Kupferstiche. Der Jesuit *Bonami* hat es in einem besonderen Buche beschrieben. Zu Florenz ist das Theatrum sive Index Conchiliorum, quæ adservantur in Museo Nicolai *Gualterii*, mit vielen Kupfern heraus gekommen. Sie werden nach den Oertern in Terrestria, Fluviatilia, und Marine; nach ihrer Gestalt in Univalvia und Bivalvia; und jene in Turbinata und non Turbinata eingetheilet; jene sind entweder Spiralia, oder Pyramidata, oder Circularia; in Ansehung der Farbe theilet man sie in colorirte und nicht colorirte. Man muß deren die Structuram Partium, die Grösse, und die

Schön-

Schönheit der Farben, bewundern. Sie werden oft sehr theuer bezahlet. Wenn sie aus der See kommen, so müssen sie erst poliret werden, worin eine besondere Kunst bestehet. Die Muschel-Cabinetter sind sehr häufig anzutreffen. Man sammlet sie gerne parweise. Sie werden selten einzeln, sondern meistentheils zusammen verkauft. Die Conchilia cochlearia sind sehr schön zum Trinkgeschirr.

Das *Regnum vegetabile* ist auch sehr fruchtbar. Es gehören dahin die Herbaria viva, die man sehr sorgfältig angelegt hat. Blumen lassen sich nur getrocknet aufheben, da sie doch verderben. Man hat angefangen, die Blätter im Wasser zu anatomiren. Sie sehen aus, wie Netze, und haben, nach *Malpighaii* Aussage, Venas und Arterias. Es wird aus dem Regno vegetabili auch eine Sammlung von Holz aufbehalten, wie es in der Natur aussiehet, und wie es läst, wenn es gehobelt ist. Man bewahret sie in Repertoriis, da sie wie Schublädgen oder Büchergen aussehen. Herr M. *Klodius* aus Leipzig hat vorm König Augustum 2700. Hölzergen für 1000. Rthlr. bezahlt. Man bewahret auch rare Gewächse in Europa, als Aloe, auch beson-

besondere Wurzeln, und rare Bäume, als vom Zimmet-Baum die Wurzel, ꝛc. Die Vegetabilia findet man mehr apart, und nur selten mit in den Naturalien-Cabinettern.

Das *Regnum minerale* ist ein sehr weitläuftiges Feld. Diejenige, die in der Betrachtung der Geschöpfe Vergnügen gefunden haben, sind auch in die Tiefe des Meers gedrungen, und haben da alles sonderbare aufgesucht, und, wie *Ovidius* sagt, Itum est in viscera Terræ. Man nennet diesen Vorrath Regnum minerale oder Fossile. Es ist dieses ein sehr weitläuftiges Reich, und man muß über den Fließ erstaunen, den man sich dabey gegeben hat. Gleich bey dem Anfange der Welt ist es dem Menschen nicht bekannt gewesen, was unter der Erden verborgen sey; und er hat diese Erkenntnis theils den aus den Bergen hervorquellenden, und Gold mit sich führenden Wassern zu danken; da dieselbe nicht allezeit klar, sondern oft trübe sind, auch nicht einerley Geschmack haben: so hat das den Menschen Gelegenheit gegeben, zu vermuthen, es müsse da, wo diese Wasser herkämen, was verborgen seyn. Etliche Erdgewächse dringen auch aus der Erden, und brechen an den Tag, daß man sie leicht erkennen

kennen kan. Man nennet diese Wissenschaft die Mineralogie, davon sich die Metallurgie unterscheidet, die nur mit Metallen zu thun hat. Will man also das grosse Feld der Mineralien durchgehen, so muß man eine gute Eintheilung machen. Man hebt nemlich in Naturalien-Cabinettern auf, Metalla, Semimetalla, Feuerfangende Materien, Salze, mancherley Arten von Erde, und besondere Arten von Steinen. Einige haben noch Glebas steriles dazu genommen. (I.) Metal wird ein Corpus fossile, durum, cusile, genannt, welches sich schmelzen, und durch den Hammer ausbreiten läst. Es hat sechs Species, Golderz, Silbererz, Kupferz, Zinnerz, Bleyerz, und Eisenerz, die alle wie Steine aussehen, die diese Erze in sich halten, und geschmolzen werden müssen. Sie bleiben aber alle in einem sie nicht verzehrenden Feuer immer eins. Man kan es durch den Hammer in dünne Laminas ausbreiten. Die Erze, die mit Stein umschlossen sind, haben Anlaß gegeben, daß der berühmte Schwede *Linnæus* sie alle für Steine hält, da doch die Steine nicht durch einen Hammer ausgebreitet, und auch nicht alle geschmolzen werden können. Daher seine Lehre nicht immer statt gefunden. Er gründet sich auf den *Theophrastum Eresium* de Lapidibus,

der

der alle Bergstücke Lapides nennet. Teutschland hat die Ehre, daß es zuerst in Erfindung der Mineralien allen andern vorgegangen ist. In der Mineralogie sind bisher noch wenige Bücher geschrieben. Der erste ist Georg *Agricola*, ein Medicus in Chemnitz, der in teutscher und lateinischer Sprache die Mineralien mit grossem Fleisse beschrieben hat. Die Bergleute haben ihre eigene Sprache und Terminos technicos. Der Georg *Agricola* hat sie ausgekundschaftet, und in das Lateinische übersetzt, und zwar, wie ein anderer *Plinius*. Es sind zween Folianten. Es gehöret auch hieher des Joannis *Matthesii*, der ein Famulus und Tischgänger Lutheri war, Sarepta oder Berg-Postille. Er war der erste evangelische Prediger im Joachims-Thal, da die Silber-Bergwerke unter den Grafen von Schlick entdeckt worden. *Matthesius* hat mit den Bergwerks-Leuten nach ihrer Sprache reden müssen. Er nahm daher biblische Texte, die sich auf sie schickten, und erkläretesie, woraus die Berg-Predigten entstanden sind. *Matthesius*, ob er gleich nicht sehr gelehrt ist, so ist er doch wohl zu gebrauchen. Unter den Italiänern hat sich Ulysses *Aldrovandus* darin hervorgethan, der ein Museum Metalli geschrieben hat, welches sehr rar, und nur zu

Bononien ausgegeben worden ist. ¹Michaelis *Mercati* metallotheca ist auch fast verlohren gegangen. Joannes Maria *Jancisius*, der Leibmedicus des Pabstes Clementis XI. beredete denselben, daß er es zu Rom anno 1719. wieder drucken ließ. 1) Von Golderzen hat man zweyerley Arten, nemlich Graben = Gold, und Fluß = oder Waschgold. (a) Die *Glebæ auriferæ Fossiles* sind die rareste in Naturalien-Cabinettern, da sie nach dem Gewichte verkauft werden. Sie werden gemeiniglich in Kästgen nach den Theilen der Welt geleget, von Spanien aber wenige. Die Goldstufen werden wieder in vier Classen abgetheilet. Es gibt α) gewachsene oder gediegene Goldstufen, die die rareste sind, da das Gold nur geschmolzen und gereinigt werden darf. Es gibt β) roth Güldenerz, welches so genannt wird, weil die Gleba roth ist, und diese sind sehr reich von Golde. Es gibt γ) reiche Goldgüsse, die die Bergleute Gülfte, und die Lateiner pyrites Auro prægnantes, nennen, welches erst gebrochen werden muß. Endlich δ) gibt es auch vermischte Erze, darin Gold, Silber, Antimonium, steckt, und die die schlechteste am Gehalt sind. (b) Fluß= und Waschgold wird in Flüssen in dem Sande angetroffen, weil, wenn in

dem

dem Berge, woraus die Quelle gehet, eine Goldader ist, das Wasser grosse Stücke davon mitnimmt. Es sind α) Geschiebe oder grosse Stücke Gold, die das Wasser abgerissen hat; β) Goldflimmer oder kleine Goldsträusgen, die im Sande liegen. Es gibt dergleichen in Ost-Indien, Brasilien, China. In Teutschland hat man dergleichen viele gefunden, und besonders im Rheinstrom, wo vor 200. Jahren eigene Goldwäschen gehalten worden sind. Man findet auch selbst in der Donau Gold. In Europa trift man das meiste Gold in Ungarn und Siebenbürgen an. Man behauptet, daß es in mehreren Gold-Bergwerken zu finden sey; es verlohnet sich aber oft der Mühe nicht. Vor 50. Jahren hat man auch angefangen, Aurum Hercynium zu machen. Es gibt (c) auch falsche Goldstufen, die man auch in Mineralien-Cabinettern antrift, weil die Goldstufen so kostbar sind. Nemlich es haben einige in Zinoberkies kleine Goldstücke hinein gegossen, und für ächt verkauft. Sie werden aber daran erkannt, daß sich das Gold leicht herausnehmen läst. Es ist auch (d) dahin zu rechnen das *Chimische* Gold, da man vorgegeben hat, es sey aus Schwefel und Queckſilber hervor gebracht worden. Man zeigt es in allen Naturalien-Cabinet-

P 3   tern

tern. *Paracelsus, Basilius, Theophrastus,* sind gleichsam die Erzvåter der Adeptorum in Europa. Das Gold ist aber sehr schlecht, und noch geringer, als Cronen-Gold. Der letztere Goldmacher ist der jüngere *Helmont,* der bey dem Herzogen Christian August von Sulzbach gewesen, der wirklich die Kunst gekonnt, aber nur so viel gemacht hat, als er nöthig hatte; er gab einem armen Manne niemals was anders, als einen Ducaten. Man setzet auch Eisen an Gold. Ich halte aber doch die Kunst geringere Metalle in Gold zu verwandeln, so lange für eine falsche Kunst, bis ich selbst erst besser davon überführet bin. Man kan aber Gold in einen Liquorem verwandeln, und daraus wieder Gold machen. 2) Von Silbererzen gibt es achterley Arten. Man hat (a) **gewachsen Silber,** sincerum Argentum, dergleichen in Stein und Kies wächset, in Ungarn und Norwegen. Ist es dicke, so heist man es Silberzähne; ist es Baumförmicht, so nennet man es Argentum sincerum *Dendroides.* Man hat auch (b) *Fila capillaria* Argentea, die wie Haare kraus gewachsen sind. Man hat auch (c) **kleine gewachsene Bleche** von Silber, die die schlechteste sind. Man hat (d) **Glas-Silbererz,** welches das Reichhaltigste Silber ist. Es siehet gemeiniglich
wie

wie Olei braun aus, und läst sich leicht durch den Hammer prägen, und habe ich eine schöne Münze vom Kayser Augusto zu Goslar davon gesehen. Man findet in Ungarn, auch zu Freyberg, und Schneeberg, dergleichen. Der Centner davon hält 4. bis 5. Mark. Man hat (e) roth Güldenerz, welches Rubinfarbig und sehr reich ist, und in Ungarn, auch auf dem Harz, und zu Freyberg, gefunden wird. Man hat (f) weiß gültig Silbererz. Man hat (g) fahl Silbererz, Cinerei Coloris Argentum, welches in Böhmen häufig gebrochen wird, und nicht reich ist. Man hat (h) Federerz, welches so flüchtig, wie Federn, ist, davon der Centner kaum 10. Loth hält. 3) Von Kupfererzen hat man siebenerley Arten, die überaus nützlich sind, davon wir die vornehmsten anführen wollen. (a) gediegene und gewachsene Kupfererze, die haaricht, knospicht und baumicht wachsen. In Ungarn und auf dem Harz wachsen sie am häufigsten. (b) Kupferzieber, deren zu Ilmenau viele sind. (c) Kupfer-Glas, welches ganz feilich und blau ist, und heisset Æs rude plumbei Coloris. Es bricht stark im Anhaltischen. (d) Kupfer-Kies, und zwar ein drüsigter. (e) Kupferwasser oder Cerment findet sich in Ungarn zu Neisal, welches sich um ein darin gelegtes Eisen leget, und fest wird. Die Bergleute sagen, das Eisen würde in Kupfer verwandelt, welches aber falsch ist. Man macht aus diesem feinen Kupfer viele Tabatiers, und allerhand andere Sachen. 4) Von Zinnerzen haben die Alten wenig gewust. *Plinius* hat es Plumpum candidum genannt, und sagt, es wäre von der Insel Candiderida, worunter Brittanien zu verstehen ist. Man hat Berg-Zinnerz und Seifen-Zinnerz. (a) Von dem **Berg-Zinnerz** hat man Zinngraupen, das in Böhmen und Sachsen in Klumpen wächst. Man hat davon auch **Zwittererz**. Gewachsen Zinn findet man eigentlich nicht, und die Stufen in Naturalien-Cabinettern sind gekünstelt. (b) Das **Seifenzinn** wird mit Wasser aus den Bergen geleitet, da man Wasser in die Berge gieset, und es heraus spület. 5) Das **Bleyerz**, oder Plumpum nigrum, ist die reinigende Materie von allen andern Erzen. Es wächst in Ungarn sehr viel. Die Bergstücke sind sproßigt und stuckigt. 6) Das **Eisenerz** ist sehr nützlich, und die göttliche Vorsehung hat in allen Bergwerken Eisen verborgen. Es sind davon vier Arten. (a) **Gewachsenes**, welches in Schweden, Ungarn, und zu Salzburg, sehr rein ist. (b) Der **Glaskopf**, davon der Centner 70. Pfund hält. (c) Der **Blutstein**, der ganz roth

roth ist, der das Blut stillen soll, und daher Hæmatides genannt wird. (d) Eisern-Spat, oder zugewitterte Eisen, die zu zusätzen gebraucht werden. Zu den Erzen rechnet man auch 7) die sogenannte Quärze und Flüsse. Sie sind von vielerley Farben untereinander in vielen Figuren. Sie werden zur Auszierung der Grotten gebraucht. Jetzo werden aber nicht so viele Quärze gebrochen, welches sehr sonderbar ist. Eine gewisse Art Quärze fliessen im Feuer, und die setzt man zum Eisenstein, der sich leicht schmelzen läst. (II.) Die *Semimetalla* brechen in der Erden, wie Metalle in Steinen, sind aber solche, die das Feuer nicht aushalten, sondern oft auffliegen, auch den Hammerschlag nicht vertragen können. Sie sind aber doch nützlich. Es gehören dahin 1) Spiesglaserz. Dieses ist sehr nützlich zum Zusatz. Es brennet grob und klein spiesigt. 2) Zinober- oder Quickerz, das erst das Quecksilber und einen rothen Stein, Lapidem Minium, enthält. Wo dieses anzutreffen ist, da findet man meistentheils auch Gold. Quecksilber ist aber fast die Mutter alles Metals. Es ist sehr darüber gestritten worden, ob Quecksilber ohne Zusatz hervorkomme? Zinobererz bricht in Ungarn und Tirol. 3) Robolde, welches gleichfals ein verzehrendes Erz ist, das alle andere frist. Er enthält den Wismuth, den Zusatz zu Glocken, und eine Erde, die Galmei heist, aus welchem, wenn es zu Kupfer gesetzt ist, Messing wird. Er enthält auch die blaue Farbe, die davon gezogen wird, wenn der Wismuth davon ist. Das *Arsenicum* ist ein Rus vom Kobolderze. Sie sind von viererley Art, und wachsen, (a) drüsigt; (b) wie Würfel und klein; (c) in allerhand Steinen, der nicht reich ist; (d) ein Sternförmigter Kobold. Den unreinen Kobold nennet man die Kobold-Blüthe. Er ist überaus schwer. Er wird in Sachsen besonders häufig gegraben, und wird auch viel gestohlen, und nach Böhmen gebracht; daher es ein Schimpfwort ist, wenn man jemanden einen Kobold-Dieb nennet. Der Kobold, der auf dem Harze gefunden wird, ist nur zum Zinck- und Galmei geschickt. (III.) Zu den Feuerfangenden Materien gehöret 1) Das Schwefelerz, welches in Kobolden ist, und auch besonders wächst, auch schrötighaltige Marcasiten. Was von dem gereinigten Schwefel abtröpfelt, ist der Jungfern Schwefel. 2) Die Harze gehören auch dahin, die entweder Bitumina *solida* oder *fluida* sind. In Teutschland findet man wenige Bitumina solida. Man rechnet dahin die Steinkohlen, die in Schottland

am

am besten gefunden werden. Einige meynen, die Steinkohlen wären verschwemtes Holz von der Sündfluth, das mit Harz vermenget, und so verbrennlich geworden wäre. Das Judenpech gehöret auch dahin. Fluida Bitumina sind in dem Berge Hekla, und in Italien, anzutreffen. (IIII.) Die *Salia metallica* sind Solida, und nicht die Salzquellen. Sie sind am besten in Pohlen ohnweit Krakau, da eine unerschöpfliche Grube ist. Die Farbe ist hauptsächlich grau; es bricht aber auch weiß, welches *Sal Gemmæ* genannt, und in der Arzney-Kunst gebraucht wird. Es wird auch in Ungarn und Böhmen gegraben. Der Vitriol ist auch eine Art vom Salze, die sich bey Kupfer und Steinen findet. Alaunen-Salz wird in Kiesstein und Federerz gefunden. (V.) Unter den besondern Arten von Erde haben wir Handwerks-Erde, medicinische Erde, und Glebas steriles zu bemerken. 1) Zu der Handwerks-Erde gehöret (a) die Kreide, welche man weiß, schwarz, und roth, antrift. In der Insel Creta und Maltha ist fast keine andere Erde; daher daselbst alle Leute grüne Brillen tragen, um das Gesicht nicht zu verderben. Oefters findet man mitten darin den schönsten schwarzen Agat. Die rothe wird in Italien, und auch zu Eger; die schwarze

aber

aber in Italien und Tirol, gegraben. Es gehöret dahin (b) Ocker, welcher blau, gelb, und roth ist. (c) Walkerde, Terra fullonica, davon die Englische alle andere übertrift. (d) *Bolus* oder Röthelstein, der zum zeichnen gebraucht wird. (e) Bleyweis oder Cerussa, welcher ein unreifes Bley ist; davon der schönste in Engelland gefunden wird. (f) Trippel, die man zuerst zu Tripoli in Africa gefunden, daher es auch den Namen bekommen hat. (g) Schmerzel-Erde oder Smiris, die die Glasschleifer gebrauchen, davon die schönste in Biscaja ist, wornach die Alchymisten sehr streben. (h) Porcellain-Erde, Terra alba farinacia, davon man die beste in Sachsen bey Schneeberg an der Awe zu dem Dresdenschen Porcellain gräbt. 2) Von der Arzney-Erde hat man nur Terram *Lemniam*, die röthlich aussiehet. Sie zerspringt vom Gift; daher die Alten viele Trinkgeschirre daraus gemacht haben. Sie wird auch Terra sigillata genannt. Die Medici sagen, es sey eine schwere Tonerde. Die Japoneser und Maltheser ist die beste. Doch findet man verschiedene Arten. 3) Man sammlet auch *Glebas steriles* Metalla Fingentes, die sehr schön aussehen, aber nichts in sich haben; sie sind auch nicht schwer, und daran leicht zu erkennen. Sie

heissen

heissen (a) **Wolframen**, die ganz schwarz sind, wie Zinngrauen. Sie halten etwas Arsenicum in sich, wenn sie geschlagen und geschmolzen werden. (b) **Wasserbley**, Molyptorides, siehet grau aus, und ist eine Art von unreifem Bley. (c) Die **Blende**, Gleba plane inanis, wird so genannt, weil sie den Bergmann blendet, da nichts darin ist. (d) **Glimmer** glänzt sehr, und ist Schuppenartig. (e) **Federweiß**, Asphestus, siehet graulich aus, ist ganz unverbrennlich, und läst sich spinnen. Daher man meynet, die Alten hätten ihre Todten in Leinewand von solchem Erz gewickelt. Es wird in Moscau, Böhmen, und Mähren, gebrochen, und auch **Steinflachs** genannt. (f) Das **Frauenglas**, Glacies Mariæ, läst sich beugen, und wird bey Alabaster-Bergen gebrochen. Man legt es über Bilder. Grosse Stücke findet man nicht. (g) **Gips**, eine Art von Kreidestein, läst sich brennen, und ist sehr nützlich, wenn er gestossen und durchgesiebet ist. (VI.) Die Steine machen auch eine Hauptclasse unter den Mineralien aus. Sie sind entweder gemeine Steine, oder Edelsteine. Ein Stein ist eine aus der Erden gegrabene harte Materie, die sich durch Wasser und Feuer gar nicht, wohl aber durch den Hammer zertheilen läst. Conf. *Bott* in Lytognosia.

nosia. Dahin gehören Steine von besondern Eigenschaften, z. E. der Filtrirstein, der, ob er gleich sehr hart aussieht, das unreine Wasser doch gut abkläret: wie man denn, da er in America, und in Sachsen zu Merseburg und Jena, entdeckt worden, denselben an allen Orten, wo das Wasser schlecht ist, zur Reinigung desselben braucht. Es gibt auch wohlriechende Steine, die von Kräutern den Geruch angenommen haben, z. E. die Violensteine. Der Geruch komt aber nur alsdenn, wenn die Steine gerieben werden. Sie sind auf dem Alpengebürge am häufigsten anzutreffen. Wir wollen nun die vornehmsten Steine, die man in Naturalien-Cabinettern aufzuheben pflegt, durchgehen. 1) Die Marmorsteine sind von verschiedener Art. Es ist eine erstaunende harte Art von Steinen, die nur schön aussiehet, wenn er geschlagen und bearbeitet ist. Man theilet ihn in inländischen und ausländischen ein. Vor Zeiten hohlte man ihn nur aus den Griechischen Inseln. Man hat Marmor, der sich gar nicht zwingen läst; einen etwas mürberen; und einen weichen, der sich sehr wohl regieren läst. Von der ersten Sorte sind Porphyr, der dunkelroth ist, und Lapis *Lydius.* Der Porphyr ist aus Egypten geholet worden. Die Römer

mer und Griechen haben in ihren Bädern grosse Wann daraus gemacht. Statuen hat man nicht leicht daraus machen können. Der *Lapis Lydius* ist schwarz, und dienet den Goldschmieden sehr, die Farbe des Goldes anzuzeigen. Daraus sind die Egyptische Obelisci gemacht worden, deren noch sechs zu Rom sind. Man findet davon nur manchmal noch Köpfe, die auf einen Brustbilde von anderem Marmor gestanden haben. Heut zu Tage hat man ihn nicht so hart, als in Lydien. Man theilet den Marmor auch nach den Farben ein. Man hat weißen, grauen oder schwarzen; und bunten, welcher der gemeinste ist. Der weiße ist der schönste, und ist aus der Insel Paros von den Prachtliebenden Römern, geholet worden. Es gleicht ihm keiner an Reinlichkeit; er hat keine Flecken, und scheinet fast durchsichtig. Man darf ihn nun, wegen der abergläubischen Türken, nicht mehr holen. Der Italiänische Cararische Marmor ist sehr schön. Man holet ihn aus Carara, welches nun ein Fürstenthum ist, zwischen Genua, Piemont, und Mantua, gelegen, und dem Herzogen von Modena gehöret. Die Römische Statuen, und die zu Versailles, sind davon gemacht. Den grauen braucht man zur Auszierung der Gebäude.

Er

Er läßt sich durch Sägen in Tafeln zerschneiden, und es werden die Wände an den Kirchen und Pallästen damit beleget. Zu Säulen wird er eben nicht gebraucht. Der bunntfärbige ist erhabener. Goldgrund dienlos, blauwolckreich ist gemeiner. Zu Rom werden kleine Säulen, wie Schenkdicke, von 460. Arten Marmor für 50. Scudi verkauft. Der Bildhauer Cavarelli handelt damit. Zu dem Marmor gehören noch zwey Arten des zärteren Marmors, nemlich der *Ophytis*, und der Alabaster. Der *Ophytis* oder Serpentin, der nur zu Zöblitz am Ertzgebürge müssen gebrochen wird, und braun aussiehet, und zu Geschirren gebrauchet wird. Er wiedersteher dem Schlangengifft. Er läßt sich schön drechseln. Die mit rothen Flecken sind sehr rar. Der Alabaster gehöret auch hieher, der nur weiß bricht. Er ist sehr gelinde, und läßt sich mit dem Federmesser schaben; aber nicht der Marmor. Er ist aber sehr schön zu arbeiten, und wird häuffig angetroffen. Alle Länder, wo Bergwerke sind, haben auch sehr viel Alabaster und Marmor, besonders Teutschland, und darin hauptsächlich Saltzburg, allwo der Ertzbischöffliche Pallast gantz davon erbauet ist. Sie haben daselbst Mühlen erdacht, worauf sie vierecktte Stücke geschnitten, auf

kleine

kleine und grosse Kugeln erbrechet haben. Der figurirte Florentinische Marmor ist auch sehr rar. Er bestehet aus dünnen Tafeln, die schichtweise im Florentinischen Gebürge gefunden werden. Die grösten davon sind, wie ein halber Bogen. Daß sie Marmor sind, solches beweisen alle Proben. Figurirte werden sie genannt, weil sie gelb von Stunde sind, und Figuren von brauner Farbe haben, die wie Häusen, Berge, Wälder, aussehen. Nur inwendig sind diese Figuren. Diese Figuren kommen daher, weil die Feuchtenschaft von den Bergen, die den Marmor ausmacher, solche Ueberbleibsel nachläßt. Man zieret gantze Käsigen damit aus. Die Italiäner haben aber angefangen, in dünnen Marmor allerhand Figuren zu beitzen, und nun muß man also besorgen, daß man betrogen werde. 2) Die Edelsteine sind entweder rohe, oder geschliffene. Wenn ein Naturalien-Cabinet vollkommen seyn soll, so muß es beyde aufweisen können, da ein geschliffener Edelstein eine gantz andere Gestalt annimmt. Die rohe Edelsteine werden von den Italiänern Römer genannt, da man sie fast nur so groß findet. Die Edelsteine sind von den ältesten Zeiten her gebräuchlich gewesen. Der Hohepriester des Alten Testaments muste ein Kleinod von zwölf besondern

deren

deren Edelsteinen tragen, welche *Epiphanius* beschrieben hat. Es sind auch immer unter den Vornehmen die Edelsteine als Schätze angesehen worden. Die Edelsteine werden gemeiniglich nach den Farben eingetheilet, in solche die durchsichtig sind; und in solche, die halb durchsichtig sind, und Hemidiaphonas oder Opacas heissen. Jene sind die kostbarste. Zu den Haupt-Eigenschaften gehöret die Farbe, die Härte, und die ihnen eigene Kräfte in den Arzneyen. (a) Von den halb durchsichtigen Edelsteinen, oder Gemmis opacis, ist α) die erste und gemeinste Sorte der Agat, der fast allenthalben gefunden wird. Die ächte werden in Kugeln, welche Hæmisphæria ausmachen, gefunden, die durch einen Leim zusammen gehalten werden. Inwendig sind die Steine rund, und darin sitzt inwendig der Edelstein, der eine sehr liebliche Farbe hat. Er läst sich durchaus nicht feilen. Die Venetianer haben in der Insel Murano gesucht, den Agat nachzumachen; es hat ihnen aber nicht sehr geglücket. *Plinius* erzehlet, daß der Pyrrhus einen Agat gehabt habe, worauf der Apollo mit den neun Musen deutlich gestanden. In Wien ist in der Schatzkammer eine unvergleichliche Schale davon, darin der Name Christus stehet, der wohl eingebetzet

tzet ist. Mr. *du Fait* dans l'histoire de l'Academie Françoise année 1728. hat sie beschrieben. β) Der andere dunkele Edelstein ist der Jaspis, welcher grün ist, aber am rareſten iſt, wenn er rothe Striche hat Er bricht auch in Kugeln. Den Asiatischen hält man für den besten, welcher gar nicht verfälscht werden kan. Er bricht grösser, als der Agat, und man hat kleine Säulen davon. γ) Der Lasur- oder Azurstein, Lapis lazuli, ist von einer hohen blauen Farbe, und hat kleine Puncte vom Golde. Das abgeschliffene dienet zu dem schönen Ultramarin. In der Jesuiter-Kapelle St. Ignatii zu Rom sind vier grosse Säulen, jede 21. Schuh hoch, davon, die aber zusammen gesetzt sind. Grösser hat man sie nie angetroffen. Dieser Edelstein ist sehr hart. Die Italiäner haben ihn nachzumachen gesucht, der aber vom Wasser erweicht, sich schaben läſt. Die schönste Stücke werden in der grossen Tartarei gefunden. δ) Der Carniol oder Sardus wird in der Insel Sardinien gefunden. Er heißt Carniol, weil er fleischfarbigt ist. Der Orientalische ist rarer. Das Gold erhöhet seine Couleur. Er bricht nicht so groß als eine Hand. Die grösste Stücke sind Gliedlang. ε) Der Türkis iſt himmelblau, und wird in Persien, und in dem

Türkischen Asien, gefunden. Die Farbe verwandelt sich aber endlich in grüne. Der Grund ist immer schwarzig, daher man einige mit schwarzen Adern findet. In der Türkey ist er gemein. Er ist oben rund, als eine halbe Erbse. Er bricht nur so groß, als eine kleine Haselnuß. ζ) Der *Lapis norriticus*, Lenden- und Gries- stein ist blau und grünlich, und immer etwas fett anzufühlen. Man meynte vormals, daß er gegen Steinschmerzen gut wäre. Er bricht, wie eine geballte Faust. Man hat daher Bilder und Schalen davon geschnitten. Er wird im Phrenäischen Gebürde gefunden. Der beste kömt aus Asien. Es gehet aber grosser Betrug damit vor, da er wie Jaspis aussiehet. (b) Die durchsichtige Edelsteine sind zwar alle durchsichtig, aber nicht alle von gleicher Härte. α) Der erste ist der Chalcedonier, der röthlich und gelb ist. Wenn er weislich ist, so wird er nicht für so kostbar gehalten. β) Nach dem Chalcedonier kommen die Granaten, die häufig, aber nicht groß, gefunden werden. Sie haben den Namen von der Aehnlichkeit mit einem Granatapfel. Je grösser sie sind, desto kostbarer sind sie. Sie sind erstaunend hart, und besonders die Orientalische. γ) Der Opal wird auch Elementenstein genannt, weil

er

er blau, weiß, grün, und roth, nach den vier Elementen hat. Er gleicht daher fast einem Regenbogen. Er ist sehr durchsichtig, aber auch sehr weich, und dem Granat vorzuziehen. Er wird in Sachsen, Ungarn, und Indien, gefunden. δ) Der Topas oder Chrysolit hat einen schönen Goldglanz. Er ist auch sehr hart, und die Alten hielten viel davon. Die Italiäner hielten diesen Ost-Indianischen Stein sehr hoch, und in die Crone des Königs von Frankreich, Ludovici XV. wurden auch viele schöne Topas gesetzt. ε) Der Amethist ist Violblau, verändert sich aber sehr, wird blasser, und hält nicht einerley Farbe. ζ) Der Smaragd ist grün, und hat einen schönen Glanz. Fält das grüne ins gelbe, so heist er Chrysopras. Aus Peru hat man die schönste gebracht, aber nicht grösser, als eine Haselnuß. Er gleicht an schwere fast dem Diamante. η) Der Hyacinth ist gelblich, aber sehr leicht aus einem von Bley gemachtem Glase nachzumachen; leidet aber alsdenn die Feilen nicht. θ) Der Beril oder Aquamarin ist Meergrün, und wird in Italien auf dem Apenin gefunden. Er ist schwer zu arbeiten. ι) Der Onyx hat daher den Namen empfangen, weil er eine Farbe, wie der Nagel eines Menschen hat. In

Dresden im grünen Gewölbe hat man einen Orientalischen Onyx, den man für den schönsten hält, wofür der König August 48000. Rthlr. gegeben hat. Die Alten haben ihn gern zu Opfergefässen gebraucht. Hat er viel roth, so heist er Sardonyx. Hat er Fleischfarbe, so sind es *Cumaei*, daraus viele schöne Köpfe geschnitten sind. x) Der Saphir hat einen unvergleichlichen Glanz und blaue Farbe. Einige Juwelirer nehmen ihm die Farbe, und machen ihn zum Diamant; er wird aber nie so rein. Es läst sich aber dieses sonst bey keinem Edelstein thun. λ) Der Rubin, welcher Carmesinroth ist, wird, wenn er groß ist, Carfunkel genannt; ist er weich, so heist er Rubin Pallas. Er läst sich nicht in Rosen und eckigt schleiffen. µ) Der zwölfte ist der König von allen Edelsteinen, der Diamant. Er hat ein Feuer, das sonst kein Edelstein hat. Er übertrift alle an der Schwere und Härte. Sein Licht zeigt sich besonders, wenn er dicke ist. Es ist ein grosser Streit, ob ihn die Alten gekannt haben. Die gewisseste Meynung ist, daß sie ihn nicht gekannt haben. Er wird in Ost-Indien gefunden, da er, wie die Quarze, oder der Agat, in Steinen wächst. Die Brasilianische, die die Portugiesen mitbringen, sind nicht so schön. Er ist in Medio ævo noch nicht bekannt

bekannt gewesen. Es wird zwar gedacht, daß in der Crone des Caroli Magni einer sey. Nemlich der Herzog Ludwig in Baiern und Marggraf von Brandenburg, als er sie dem Kayser Carolo IIII. nach seines Vaters Tode übergab, bemerkte, daß ein grosser weisser Stein darin sey. Er ist aber nicht mehr darin; aber wohl in der Böhmischen, der eine Art von rohem Böhmischem Diamant ist. Er ist also erst durch die Schiffart nach Ost-Indien bekannt geworden. Conf. *Tavernier* dans ses voyages. Der grosse Mogul, und der Grosherzog von Florenz, haben die gröste in der Welt. Doch ist des Gros-Moguls seiner heller. Der Florentinische aber gelblichter. Der Florentinische wird auf 391. Karat gerechnet. Der König August von Pohlen hat einen von 191. Karat für 230000. Rthlr. gekauft. Ein Engelländer, Petit, hat den grösten gehabt, der 547. Gran gewogen, den er für eine Million verkaufen wolte. Der König von Pohlen both 800000. Rthlr. davor. Der Regent kaufte ihn für eine Million, und ließ ihn in die Crone setzen, und nachher ward er in des Königs Ritterband gesetzt. Der Petit hat allein vom abschleifen der Ecken für 2000. Rthlr. Staub gekriegt. Conf. *Fevrier* Tractat von den Diamanten, London 1750. welches ein unvergleichliches

schönes

schönes Buch ist. Soll der Diamant schön aussehen, so muß er wie eine Rose geschliffen, oder Brillianten an beyden Seiten geschliffen seyn. *Jevrier* streitet für die Rosen. Weil der Diamant so kostbar ist, so trift man ihn geschliffen nicht groß an, wohl aber roh. *Cicero* hat recht gesagt: In Scopulis & Lapidibus reperiit quoque Natura, in quo delectaret, Lib. 2. de Natura deorum Cap. 3) Der helleste und härteste Stein ist unter andern wohl der Crystall, der aber den Diamanten nicht beyzusetzen ist. Man findet ihn gemeiniglich in länglich eckigten Stücken, und ein rundes Stück wird für eine ungemeine Rarität gehalten. Man findet ihn in Höhlen und Bergen, auch in Flüssen. Viele halten ihn für ein zusammen geronnenes Eis. Allein man findet ihn nicht allein im kalten Apenin, sondern auch in dem warmen Cypern und Egypten; und in den kältesten Nordländern wird er auch nicht gefunden. Seine Kostbarkeit bestehet darin, wenn er so groß ist, daß Gefässe daraus gemacht werden können. Er hat immer einerley Farbe. 4) Der Adlerstein, oder Æthides, gehöret auch unter die raren Steine, der nur so groß, als ein Hüner-Ey, und hohl ist, und noch einen andern Stein in sich hat. Die Alten geben

vor,

vor, sie lägen nur in Adlers-Nestern. Es ist aber falsch, und man findet ihn häufig. Er klappert, und bestehet aus vielen übereinander gewachsenen Blättgen. 5) Der *Lapis Bononiensis*, der nur um Bologna an dem Berge Paterva, welcher ein Stück des Apenins ist, wächst, ist auch sehr schön. Er glänzet, wenn er nach der Calcination, da man ihn zu Pulver gemacht hat, wo hingehangen wird, bey Nacht als eine Kohle, und das auch im Wasser. Er behält die Kraft nach der Calcination bis vier Jahre. 6) Der *Lapis Olluris*, der im Graubündter Lande bey Lavezzi gefunden wird, läst sich vortreflich drechseln, und ist schön zu Töpfen geschickt, und fält nicht leicht entzwey. Man handelt eben nicht damit, da er schwer ist. 7) Die gebildete Steine, Lapides figurati, heissen deswegen so, weil sie eine Aehnlichkeit mit anderen Geschöpfen haben. Man hält sie für versteinerte andere Geschöpfe, und nennt sie deswegen auch Lapides petrificatos. Man findet davon grosse Cabinetter, und viele lassen an allen Orten dergleichen sammlen. Man hat sie in zwey Classen getheilet, nemlich in Lapides figuratos *in superficie*; und in Steine, deren ganzes *Corpus* eine besondere Figur vorstellet; und zwar entweder ex *Regno Animali*, oder *Vegetabili*;

aus

aus jenem werden *Aquatiles* und *Terrestres*, aus diesem Kräuter aufbehalten. Man streitet sehr über ihren Ursprung. Einige meynen, daß sie von der Sündfluth herkämen. Andere behaupten eine Vim plasticam, die dieses verursache. Die erstere sagen, es seyen wirkliche versteinerte Cörper. Die letztere hingegen meynen, es sey ein blosser Lusus Naturæ. Diese letztere Meynung findet billig nicht mehr vielen Beyfall, da die figurirte Steine eine gar zu grosse Uebereinstimmung haben. Es wäre zu verkleinerlich von dem Schöpfer gesprochen, wenn man sagen wolte, er spiele mit dergleichen Dingen; denn ihre Wirkung in der Arzneykunst ist nur ein Gedicht. Die Meynung, daß, da die Sündfluth den Erdboden so aufgelöset, daß alles in einen Schlamm verwandelt worden, die Erde sich nachher durch die Winde gesetzt und getrocknet, und die Cörper darauf versteinert worden, hat also die Oberhand behalten. *Herodotus* gedenket schon derselben, und sie sind nicht allein auf Bergen, sondern auch in den tiefsten Klüften, und selbst innerhalb den Felsen, anzutreffen. Dr. *Scheuchzer* in Zürch hat sie in ein ordentliches Systema gebracht, und die Meynung schön behauptet, ist auch noch nicht wiederlegt worden. Unser Herr Grätzel hat
von

von dem Dr. Rosini aus München ein vortresliches Stein-Cabinet gekauft, der sie mit grosser Mühe gesammlet hatte; dem der Landgraf Carl, der alles in Cassel angelegt hat, 14000. Rthlr. wieder dafür gebothen hat; und Herr Grätzel hat sie nachher für 500. Rthlr. bekommen. Selbst des Königs von Pohlen Augusti seines ist nicht in so vollkommener Ordre. Wir finden unter den Lapidibus figuratis sowohl integra Corpora, als Partes Corporum. (a) Aus dem *Regno Animali* hat sich α) Von Menschen bisher noch kein Stück petrificirt gefunden, das man recht hätte sollen erkennen können; und was man gefunden hat, das ist mehr von grossen Thieren, als von Riesen. In den Bergwerken findet man freylich wohl einige Menschen-Knochen, die mit einer Steinrinde überzogen sind; und auf dem Harz hat der Herr zehenter Schlamm im Mineralien-Cabinette eine Hirnschädel mit Stein überzogen, und mit Erz ausgefüllet. β) Von den Thieren findet man a) von *Terrestribus* sehr vieles, und hat man besonders an zwey Orten, nemlich zu Canstadt anno 1672. und zu Tonna, das nach Thüringen gehöret, ein ganzes Elefanten-Gerippe ausgegraben, wovon ganze Bücher geschrieben sind. In dem Cabinet des Herrn Lyn-

Lynekers, Apotheckers zu Leipzig, das nun zertheilet ist, war eine Tafel, darin das Gerippe eines Krokodils abgedruckt ist. Zu Schatzfeld hat man auch vom Nasenhorn Knochen ausgegraben. Man hat aber davon solche Knochen wohl zu unterscheiden, die man in grossen Höhlen findet, die nicht von der Sündfluth, sondern von den reissenden Thieren, die andere gefressen haben, herrühren. b) Von Vögeln findet man nichts, weil deren Structur zu zart gewesen, und sie also verzehret worden sind. c) Die Wasserthiere sind in der grösten Anzahl anzutreffen, so daß man ganze Fische findet, davon auch die Schuppen petrificiret sind. In Teutschland werden sie im Mansfeldischen, da die Berge Kupferreich sind, und in der Grafschaft Pappenheim, gefunden, die ganz mit einem Stein bedeckt sind, und wenn man sie aufschlägt, so kan man sie deutlich erkennen. Man findet von Fischen auch *Glossopetras* oder Steinzungen, welches nicht Natterzungen, sondern Zähne vom Canis Carcharius, einem Seefische sind. Die Krebse sind am seltensten anzutreffen, sowohl See- als Fluß-Krebse. Die versteinerte Muscheln sind sehr häufig anzutreffen, und übertreffen in der Anzahl fast die ächten Muscheln. Man theilet die Conchilia in *Univalvia* und *Bivalvia* ein, und

und diese sind gemeiniglich mit Sand angefüllet. Sie sind oft so hart, daß man Feuer aus ihnen schlagen kan. Sie werden ferner in *Dentatas*, *Turbinatas*, und andere vielfältige Sorten, abgetheilet, und haben sie alle die Farbe verlohren. Die *Echini marini* oder Meer-Igel-Schnecken, die oft als Aepfel aussehen, und davon die Radioli apart gefunden werden, die einige Lapides Judaicos nennen, sind auch sehr rar. Es findet sich auch eine Art von Muscheln, die ihrer Grösse wegen nicht aus dem Wasser hervorkommen, sie heissen *Cornua Ammonis* oder Widder-Hörner, und sind sehr krumm geworden. Bey den Muschel-Steinen sind alle nur ersinnliche grössen anzutreffen, und man muß oft ihre Structur mit einem Microscopio untersuchen. Viele haben in superficie oft Eindrücke von verschiedenen Blättern, und manchmal liegt auch Goldkies darauf. Das wunderbarste ist aber bey vielen von denselben, daß sie auch inwendig die Structur der Muscheln behalten haben. Oft sind sie aber auch in einem Steine verborgen, und müssen erst aus diesen Matricibus heraus geschlagen werden. Man glaubt, daß sie bey der Sündfluth mit dieser steinernen Materie umgeben worden sind. Solche petrificirte Muschel-Steine finden sich

sich in allen Ländern zu vielen tausenden. Doch haben ganze Länder ganz besondere Sorten. Es ist also ein grosser Vorzug eines Cabinets, wenn man Muscheln von ordentlicher Grösse, ganz kleine, junge, und einige von ausserordentlicher Grösse, hat. (b) Das *Regnum vegetabile* zeigt sich auch in verschiedenen Arten von Steinen. Man hat versteinertes Holz, und besonders von Erlen, darauf man in Venedig die Häuser erbauet hat. Eichen- und Birnbaum-Holz ist auch sehr geschickt zur Versteinerung, und behält auch oft seine Farben. Von Früchten der Bäume, die versteinert sind, hat sich nichts, als *Nux Pinea*, gefunden. Man trift auch versteinerte Kräuter an, oder eigentlich Eindrücke davon in Steinen. Hier im Lande findet man auch ganze *Spicas* fossiles, und besonders um Gandersheim; und in der Abtey ist einer, dafür die Rußische Kayserin 100. Rubeln gebothen hat. *Rosinus* hat davon geschrieben. Man findet auch viele versteinerte Blätter. Man findet auch kleine Dendrites, da Bäume aufgetragen sind. Man findet unter den versteinerten Sachen auch, welches sehr zu verwundern ist, alle Arten von Schwämmen mit den Stengeln. Conf. *Scheuchzeri* Herbarium diluvianum. Man hat überhaupt von

Lapi-

Lapidibus figuratis des Caroli Nicolai *Langii*, D. in Lucern, Historiam Lapidum Figuratorum Helvetiorum, Venetiis 1708. 4to. welche er schrieb, da ihm der Kayserliche Gesandte in der Schweitz, der Graf von Trautmannsdorf, sein Cabinet anvertrauete. Der *Scheuchzer* hat aber den Grund dazu gelegt, besonders durch die Quærelas & Vindicias Piscium. Conf. *Büttneri* Rudera Diluvii Testes. Georgii *Altmanni* Historia critica de Tesseris Badæ Helvetiorum repertis, 1751. von versteinerten Würfeln, die daselbst gefunden sind worden; darunter auch noch einige ganz knöcherne mit waren. Man hat sie aber viel nachgemacht, und zeigt sie oft. Anno 1728. war in Würzburg ein Professor Medicinæ, der ein Naturalien-Cabinet sammlete, der sich von allen Stein-Arbeitern ausbedunge, daß sie alles, was sie besonders fünden, ihm zubringen solten. Der berühmte Historicus *Eccard*, der von Hannover dahin gieng, und catholisch ward, ließ die Steinmetzer, Spinneweben, Sterne, und Insecten, in ipso Coitu schlagen, und ihm hinbringen, welches er in Kupfer stechen ließ, und heraus gab. Der Mann starb darüber, und die Steinmetzer wurden auf Bischöflichen Befehl in die Karren geschmiedet. Die rechten petri-
ficirten

ficirten Muscheln kan niemand nachmachen, und gehet darin der wenigste Betrug vor. An einigen Orten sitzt noch die rechte Muschel unter dem Steine, und ist nicht versteinert,

CAP. VI.

Von Kunst-Kammern.

Man nennet gemeiniglich einen Mischmasch von Sachen aus dem Reiche der Natur und der Kunst eine Kunst-Kammer. Eine rechte Kunst-Kammer ist eigentlich eine Sammlung von Dingen, die der Mensch durch erstaunenden Fleiß und Nachahmung der Natur hervorgebracht hat. Es müssen Dinge seyn, die einen grossen Verstand und erstaunenden Fleiß anzeigen. Die Kunst und die Natur müssen daselbst besonders von einander unterschieden werden. Die Kunst-Kammern sind spät angelegt worden, und zwar zuerst von dem Hause Medices zu Florenz, das durch die Handlung einen grossen Reichthum erlanget, und alle Künstler ungemein belohnet hat, wenn sie ihnen nur was besonders hervor bringen konnten. Cos-

Cosmus Medices hob sie zuerst auf, um andere Leute aufzumuntern, es nachzumachen, und, wo möglich, zu verbessern. Man findet von anno 1570. schon Nachricht davon. Hernach haben andere Prinzen alles künstliche aufbewahret, und die Sammlung davon eine Kunstkammer genannt. Der andere grosse Herr, der dergleichen gesammlet hat, ist der Churfürst von Sachsen, Augustus, der von anno 1543. bis 1584. regierte, und einer der glückseligsten Herren war, der nach dem Schmalkaldischen Frieden die Künste sehr erhoben, und die unvergleichliche Kunstkammer zu Dresden angelegt hat. GOtt segnete diesen Churfürsten mit reichen Bergwerken, und da er ein vortreflicher Hauswirth war, so konte er es wohl ausführen. Er ward nicht gar alt, füllete aber doch fünf Sále damit an. Der König Augustus II. von Pohlen hat es sehr getrennet, und es ist nur wenig davon übrig geblieben, aber in bessere Ordnung gebracht worden. Der dritte grosse Herr, der Gelegenheit zu Errichtung der Kunstkammern gegeben hat, ist der Herzog Friedrich von Hollstein Gottorp gewesen, ein Herr von grossem Unternehmen, der den ganzen dreyssigjährigen Krieg hat aushalten müssen, ob er gleich neutral seyn wolte, und von Dännemark würde verschlungen worden seyn, wenn er sich nicht unter Schwedischen Schutz begeben hätte. Er hat anno 1616. die unvergleichliche Gottorpische Kunstkammer angelegt, die *Olearius* beschrieben hat, und stellete deswegen eine besondere Gesandschaft nach Persien an. Man muß sich wundern, daß er noch so viel darauf hat verwenden können.

In den Kunstkammern findet man (I.) Instrumente der Künstler. Der Churfürst August von Sachsen, der sehr gelehrt war, sammlete alle Instrumente der Künstler in gewissen Schränken. Instrumente von Uhrmachern, die noch nicht sehr excolirt waren; Instrumente von Goldschmieden, Juwelierern, Drechselern, Tischlern, bewahrete er auf; er hatte auch alle Instrumenta chirurgica gesammlet. Und nach seinem Exempel geschahe es, daß in allen grossen Städten die Stadt-Canzley dergleichen ad Usum publicum anschaffen muste. Dieses hat der König in Frankreich nachgemacht, da auf dem Louvre in einem Saal alle Instrumente aufgehoben werden. (II.) Die Modelle von berühmten Gebäuden, Kirchen, Palläsien, Schifmühlen, und dergleichen, sind gewiß sehr kostbar. Zu Paris ist auf dem Louvre ein Saal mit Modellen von allen Festungen, die Ludovicus

vicus XIIII. am Rhein, und in den Niederlanden, angelegt hat, und die Seehäfen, die in Frankreich sind. Man hat alte und neue, und nach dem verjüngten Maasstabe. Der König August von Pohlen hat das Model des Tempels des Salomo, das zu Hamburg in der Opera vom Tito Vespasiano aufgestellet worden, für 6000. Rthlr. gekauft, und zu Dresden in einen Saal gesetzt. Zu Cassel hat der Landgraf dazu das Modelhaus gewidmet, darin er die Modelle von seinen grossen Gebäuden setzen lassen. Dahin gehören auch Modelle von besonderer Invention, z. E. von Thüren mit zwey Schlössern, von künstlichen Oefen, die zur Ersparung des Holzes dienen. (III.) **Künstliche aus Elfenbein, Nasenhorn, Strausseiern, Kokusnüssen, Speckstein, geschnittene Sachen.** In Cassel findet man schöne Stücke von Strausseneiern. Ein Künstler muß jährlich nur zwey liefern, die gar schön sind, und besonders eins mit den vier Elementen Das Elfenbein wird leicht gelb und verunzieret die Bilder. Es hat sich aber ein Künstler gefunden, der das Elfenbein rein macht. Er bedeckt das gelbe Elfenbein mit einem feuchten Tuch, und räuchert es mit Schwefel. Es hält aber nicht beständig. (IIII.) **Künstliche Sachen, die von Königen**

nigen und Fürsten selbst gemacht sind. Man hat ganze Bücher de Principe docto. Man hat aber doch noch keine Dissertation de Principe artifice geschrieben. Wir finden es oft in der Historie, daß grosse Herren, Könige und Fürsten besondere Künste geliebet, vieles gemacht, und einander geschenkt haben. In dreyen Künsten haben sich besonders grosse Herren hervorgethan, nemlich in der Mahlerey, in der Drechslerkunst, und im Glasschleiffen. Von Mahlereyen hat man gezeichnete, und auch mit Farben gemahlte Bilder. In der Drechslerkunst haben sie oft erstaunend excolliret. Zu unsern Zeiten hat der Kayser Leopold darin excelliret, der die Drechsler mit besondern Privilegien begabte; auch der Grosvatter des jetzigen Churfürsten in Bayern; und der Zaar Peter, der viele Stücke nach Cassel an den Landgrafen Carl, der auch sehr darin excellirte, verschenkt hat; der Landgraf hat noch eine schöne Kammer davon in Cassel hinterlassen, die gleich unter dem Thor ist, darin er nach der Mahlzeit zu drechslen pflegte. Das Glasschleifen ist auch eine besondere Kunst grosser Herren, da sie besonders Microscopia, und andere Kunstgläser geschliffen haben. (V.) Meisterstücke von Handwerkern. Der Churfürst August hat zu Osterwyck eine grosse Kam-

Kammer davon ausgerüstet, und immer dabey legen laſſen, was daran gelobt worden. Vieles wird aber noch nach der alten Mode gemacht. Dergleichen gehören eigentlich in Kunſtkammern. (VI.) Muſicaliſche Inſtrumente. In Caſſel iſt ein beſonderes Zimmer dazu gewidmet, und der Landgraf Carl hat alle alte Inſtrumenta nachmachen laſſen, darunter beſonders ein Monochordion von einer Saite merkwürdig iſt. Athanaſius *Kircher* hat in ſeiner Muſurgia alle dergleichen Inſtrumenta geſammlet und beſchrieben. Der Landgraf in Caſſel hat darnach ein Katzen Clavier gemacht, da 14. Katzen von beſonderen Gröſſen in einen Kaſten, jede beſonders, eingeſperret werden, deren Schwänze herausgeſteckt werden, darin man immer mit den Tangenten mit Nägeln ſticht, daß ſie beſondere Töne im Geſchrey geben. (VII.) Künſtliche Frauenzimmer-Arbeit. Dergleichen findet man von ſticken, wirken, flechten, weben, ſowohl von alten, als neuen. Vom Weben findet man oft ganze zuſammen gewebte Kleider, wie von Chriſti Kleide erzehlet wird. (VIII.) Subtile Schrift. Dieſe findet man ſo fein, daß man ſie kaum leſen kan. Es werden Rabefedern dazu genommen. Man hat ſich befliſſen, aus ſolchen Dingen ganze Figuren zu machen, z. E. Crucifixe, und andere Sachen. In Nürnberg ist ein Mann von 79. Jahren gewesen, der in den Raum eines kleinen Silberpfennings das ganze Vater Unser deutlich geschrieben hat. (VIIII.) Sachen von elenden und gebrechlichen Leuten. Ein berühmter Mann aus Schwaben, Schweicker, der ganz ohne Arme war, hat mit den Füssen die schönsten Schriften gemacht. Man findet auch davon Gemählde. (X.) Optische Sachen. Es gehören dahin erst die Perspective und *Tubi*. Man zweifelt sehr, ob die Alten etwas davon gewust haben. *Ptolomæus* wird vorgestellet mit einer Röhre in der Hand, dadurch er die Sterne beschauet. Von dem *Gerberto*, der unter dem Namen Silvestri VI. bekannt gewesen, schreibet *Dithmarus*: Gerbertus consideravit Stellas per Fistulam; es ist also nur eine Röhre ohne Gläser gewesen. Vor den Haupt-Erfinder wird von dem Petro *Borello* de vero Telescopii inventore der Thomas *Jansen*, ein geschickter Brillenmacher zu Middelburg, gehalten, der durch ungefähre Zusammenhaltung eines Concaven- und Convexen-Glases auf diese Erfindung gerathen. Die Brille sind schon zu *Senecæ* Zeiten bekannt gewesen. Anno 1619. hat sie der Johann Lipperhay zu Middelburg excolliret. Die

Tubos

Tubos terrestres mit vier Gläsern hat Antonius Maria de *Reyda*, ein Capuziner erfunden, die hernach von andern immer mehr und mehr verbessert, und mit geschickten Gestellen versehen worden sind, und hieß es dabey: Inventis facile aliquid addere. Dahin gehören auch die *Tubi binoculi*, die Johann Franz *Gründler*, ein Mathematicus zu Nürnberg, anno 1652. erfunden hat, die dazu dienen sollen, daß ein Auge nicht zu sehr ermüdet werden mögte. Man zeiget auch *Helioscopia*, die aus grünen und blauen Gläsern bestehen, die Christoph *Scheiner*, ein Professor zu Ingolstadt, erfunden hat. *Hevelius* hat eine andere Gattung ausgedacht, die er in den Prolegomenis ad Helenographiam beschreibet. Robertus *Hæck* hat anno 1672. die gebräuchlichste Art erfunden. Man zeiget auch *Polemoscopia*, die *Hevelius* erfunden hat, die durch eine Reflexion repräsentiren; *Hugenius* hat sie verbessert, und *Nevvton* vollkommen gemacht, mit einem Stälernen Spiegel. Man zeigt auch verschiedene *Laternas magicas*, da man durch Convex-Gläser schöne Bilder präsentiret. Den Erfinder davon weiß man nicht. Es ist gewiß, daß der berühmte Jesuit *Schottus*, da er seine Magiam Naturæ & Artis geschrieben, sie nicht würde vorbey gegangen

gegangen haben, wenn er sie gekannt hätte. *Des Chales* in seinem Mundo mathematico Tom. 2. p. 656. gedenket derselben zuerst, und sagt, daß sie ihm anno 1566. ein durch Lyon reisender Däne zuerst gezeiget habe. Nachher sind sie besonders von *Zahn* in Oculo Artificiali sehr verbessert worden. Zuletzt hat sie *Ehrenberger* in Jena verbessert, der die Bilder beweglich gemacht hat. Man hat dabey erst den Verlust vom Glasmahlen bedauren gelernet, und geschiehet es nun nur mit Saft und Wasserfarben, da die Oelfarben nicht durchsichtig sind. So unbekannt auch der Erfinder der Laternæ magicæ ist, so weiset man doch deutlich die Modelle und Erfindung der *Cameræ obscuræ* vom *Reinhold* zu Wittenberg, die er bey einer Sonnenfinsternis, die anno 1545. vorfiel, erfand. Johannes *Portæ* hat sie in Magia naturali verbessert, und unter den neueren *Zahn*, *Nevvton*, und viele andere, die den Nutzen derselben im Abzeichnen gezeiget haben. Man setzt diesen auch die *Prismata*, dreyeckigte Gläser, bey, die den Ursprung der Farben sehr schön erläutern. Sie sind sehr alt, und *Schvventer* hat schon in seinen mathematischen Erquickstunden davon geredet. Man zeiget auch *Polyedra*, die auf einer Seite platt, und

und auf der andern vieleckigt sind. Es gehören dahin auch die Spiegel, die von verschiedener Art, Materie, Grösse, und Arbeit, sind. Je gröffer die Spiegel sind, desto kostbarer sind sie, wegen des Schleifens, und der dahinter gelegten Folio aus Queckfilber, das nicht wohl figiret werden kan, und gleich einen Ritz macht. Die Venetianer zu Murano excelliren darin. Sie können sie freylich nicht so gros, als zu Paris und Potsdam, machen, sie sind aber sehr accurat. Man hat Convexe, Concave, Zilindrische, und Konische Spiegel. Besonders braucht man Specula concava und conica zu Vexirspiegeln, die das Gesichte sehr verstellen. Vor allen gehören dahin die Brennspiegel, darin es zu unsern Zeiten ein Schlesischer Edelmann, Edelfrid Walther *von Tschirnhausen* sehr hoch gebracht, der einen erstaunenden Spiegel erfunden hat. Er hat nur viere gemacht, deren einen der Landgraf von Hessen Cassel, einen der Kayser Leopold, einen der König von Frankreich, und einen der König August von Pohlen, bekommen hat. Er verbrennt auch Edelsteine zu Asche, und verwandelt die Asche geschwind in Glas. Man kan in einigen Minuten einen Hund verbrennen, und die Asche in Glas verwandeln. *Nevv-*

ton hat sieben hohle Spiegel zusammen gesetzt, mit erstaunender Wirkung, der zu Cassel ist. *Viblette* hat auch einen erfunden, der auch zu Cassel stehet. Die Alten haben es aus dem *Cece*, einem Griechischen Schriftsteller, erlernet, weil *Archimedes* die Römische Flotte extra Belli jactum unter dem Marcello damit verbrannt hat, über dessen Möglichkeit viel gestritten wird; es ist aber wohl mit Concavspiegeln geschehen. Man pflegt diesen Instrumenten noch ein Kunst-Auge beyzufügen. Zu Nürnberg war ein Kunstdrechsler, Stephan Zick, der ein menschliches Auge mit allen seinen Tunicis und Humoribus abdrechselte, und davon anno 1706. eine Beschreibung herausgab; und ist es zu Paris und London verbessert worden. Er wolte das Ohr auch nachmachen, ward aber blind, und starb anno 1715. (XI.) Sprach-Röhre. Diese werden auch Tubæ stentoriæ, und Trompetes parlantes genennet. Die Engelländer geben ihren *Morlandus* für den Erfinder derselben aus. Die Italiäner behaupten aber mit mehrerem Rechte, daß sie Kircherns erfunden habe. Man hat gefunden, daß das Auge ein schärferes Organum Sensorium sey, als das Ohr, da man Flecken in der Sonn und Mond ent-

entdeckt, und hat daher auf solche Sprachröhre gedacht. Man hat sie auch zu Tubis acusticis gebraucht, für Leute, die nicht wohl hören können, und sie sehr gekrümmt gemacht. Ein Sprach-Rohr ist aber nützlicher. (XII.) Uhren oder *Horologia.* Dergleichen hat man in Cassel im Kunsthause sehr viel. Man hat astronomische Uhren, da man die Stunden und den Lauf der Gestirne bestimmet, die der *Hugenius* anno 1650. in die gröste Vollkommenheit gebracht hat, der die Pendul erfunden hat. Die Engelländer haben anno 1673. den Hacken daran erfunden. Man hat sich auch bemühet, kleine Sack-Uhren zu machen. Sie sind anno 1600. von einem Uhrmacher aus Nürnberg, Peter Häle, in Gestalt eines Eyes erfunden worden. Conf. *Cochlæus* in Commentario ad Pomponii Melæ descriptionem Orbis. Er hat sie von 40. Stunden erfunden. Der berühmte *Rabelais* in seinem Pandagroe nennet sie ein Nürnbergisches Eierlein. Man hat diese Kunst immer höher gebracht. Die Engelländer und Franzosen haben vieles zu ihrer Vollkommenheit beygetragen. Man hat sie auch so klein als ein Ring, da an statt eines Steins ein Zeiger ist, und der Stachel sticht einem so viel die Glocke ist, auf den Finger. In der Waimarischen und

Cassel-

Cassel schen Kunstkammer sind sie. Man hat die Uhren bey vielen anderen beweglichen Figuren angebracht. (XIII.) Besondere Glasarbeiten. Davon hat man z. E. alte Trinkgeschirre von ungeheurer Gröffe. In Nürnberg auf der Bibliothec wird D. Luthers Glas gezeiget, welches er dem D. Jonas geschenkt hat, dabey stehet: Dat vitreum vitreo Jonæ vitrum ipse Lutherus; Vt vitro fragili similem se noscat uterque. Es gehören dahin künstlich geschnittene Gläser, welche Kunst fast verlohren gewesen. *Plinius* Lib. 26. sagt, daß die Alten schon solche gehabt hätten. Wir haben davon aber nichts mehr. Die erste Art Glas zu schleifen, war mit einem spitzen Diamanten, und *Matthesius* sagt in seiner Berg-Postille, daß er dergleichen viele gesehen. Das Glasschneiden ist aber eine Art vom subtilen drechslen, welches anno 1609. erfunden worden von Caspar Lehmann, des Kaysers Rudolphi II. Hofglasern, der ihm auch ein Privilegium darüber gab. Conf. *Sandrads* Mahler-Academie. Von ihm lernete es ein Nürnberger, Georg Schwanhard, der an allen Höfen für alle grosse Herren Gläser schnitte, und anno 1565. starb. Sein Sohn Henrich Schwanhard hat den Vater fast übertroffen, der erhabene Figuren ins Glas ge-
schnit-

schnitten hat. Solche Gläser werden oft für 200. Rthlr. bezahlet. Es stehet nur G. S. oder H. S. darauf. Er erfand noch eine Art, das Glas mit Scheidewasser zu ätzen, darauf zu schreiben, und in die Fenster zu setzen, welche Kunst fast verlohren gegangen ist. Das Glasblasen von subtiler Arbeit durch eine Kupferröhre über einer Lampe hat'in der Physica experimentali grossen Nutzen geschaft. Ein Venetianischer Künstler, Abraham *Vino*, hatte jemanden getödet, flohe nach den Niederlanden, und kam nach Nürnberg, da er diese Kunst bekannt machte. Michael Sigmund Hack hat es von ihm gelernet, der anno 1567. nach Engelland gieng. (XIIII.) **Künstlich gefaste Magnete.** Die Fassung derselben ist der menschlichen Kunst zuzuschreiben. Man hat gelernet, einen kleinen Magnet durch die Fassung weit stärker zu machen. Ein Magnet von 4. Unzen ziehet 64. Unzen. Zu Cassel hat ein Magnet von einem Loth 16. Pfund gezogen, und eine Magnet-Nadel 14. Fuß herum beweget. Die Holländer und Engelländer excelliren besonders darin, und vornehmlich die Societät der Wissenschaften zu Londen. Durch Hülfe der versteckten Magnete hat man viele künstlich ausgearbeitete Sachen anzüglich gemacht. (XV.) **Subtile Drat-Arbeit.**

Durch

Durch einen Drat verstehe ich einen dünnen Faden aus Metal gezogen. Das Dratziehen ist den Alten ganz unbekannt gewesen. Alte Kleider, die vor dem 15. Sæculo gemacht sind, haben zwar was gewirktes von Gold und Silber; aber nicht auf seidenen Fäden, sondern man hat das Gold und Silber aus dünnen Goldblechen geschnitten, wie z. E. an dem Mantel des Römischen Kaysers. Das Dratziehen ist anno 1400. vom Rudolpho zu Nürnberg erfunden worden. Conf. Conradus *Celtes* de Norimberga. *Wagenseil* in Commentario de Norimberga. Die Erfindung ist gar erstaunlich, da nemlich aus Silber, Kupfer, Eisen, ein Faden gezogen wird. Der Faden hat die accurateste Rundung, und ist immer gleich dick. Man siehet in Kunstkammern bloß langgezogenen Drat, und auch künstlich daraus verfertigte Stücke. Der Drat wird so gemacht. Man nimmt eine Stange z. E. feinen Silbers, die rund ist. Französisch heist es linchot. Diese Stange ist 22. Zölle lang, und wird auch durch verschiedene Löcher gesteckt, und kömt immer in ein engeres Loch, und wird endlich so dünn, daß man sie kaum sehen kan. Man hat aus solcher Stange einen Drat von 116352⅓. Ellen gezogen, der 48. Meilen, iede zu 4000. Fuß gerechnet, lang ist. Solche

Solche Stange Silber verguldet man mit 12. Loth Gold, daß es sehr stark hält, und alsdann drehet sich das Gold wunderbar mit der Stangen aus, und die Verguldung bleibt immer gleich, und man kan es im Scheidewasser vom Silber separiren, welches das Silber verzehret. Zu Lyon und Nürnberg kan man es sehr schön betrachten. Conf. l'Histoire de l'Academie des sciences de Paris anno 1713. da erzehlet wird, daß man dem Herzogen von Berry und Orleans zu Lyon einen Drat von 1096704. Fuß gezogen habe. Der Dratzieher muß sich aber dabey sehr in Acht nehmen, daß er nicht einmal zerbricht. Ein Dratzug von Meßing und Eisen ist bey Goslar an der Ocker zu sehen. Die Silberdratzieherkunst heißt filagran Arbeit. Man macht davon Schachteln, Gefässe, und vielerley Zierrathen, und dieses alles wird theurer bezahlet, als Silbergeschirr selbst. (XVI.) Zierliche Wachsarbeit. Man stellet ganze Bilder und Landschaften in Wachs vor, die höchstens anderthalb Ellen lang, und eine halbe Elle breit sind. Die Grube ist gemacht von Schiefer. Man hat weisses und buntes Wachs. Das bunte zerspringt in der Kälte. Man kan in dem Wachse die gröste Zärtlichkeit beobachten. Unter die Künstler gehöret ein Si-

cilianer

cilianer Caietano Julio Zummo, der fast nur vor den Pabst, und den Grosherzog von Florenz gearbeitet, und besonders die menschliche Verwesung auf verschiedenen Tafeln in der Grosherzoglich Florentinischen Kunstkammer sehr schön abgebildet hat. Er hat auch eine Spinne mit ihrem Gewebe sehr zart abgebildet. Der Nürnberger Abraham Trentwer hat in der Dresdenschen und Gothischen Kunstkammer vieles gemacht. Der neueste ist Johann Christian Neuberg nebst seiner Tochter zu Regenspurg. (XVII.) Drechslerarbeit. Davon hat man so schöne Stücke, daß man sich nicht genug darüber verwundern kan. Der letzte grosse teutsche Künstler ist Johann Martin Tauber in Regenspurg, der in einen mäßigen Becher 50. andere Becher gedrechselt, die mit einander 30. Quartier fassen, und in einander gesteckt den Becher füllen. Die Drechsler haben sich auch in Minutissimis geübet, die man kaum sehen kan. So haben sie z. E. vom weissen Pfefferkorn einen Becher mit 50. kleinen Schüsselgen gemacht. Sie haben von Kirschkernen viele gedrechselt. In Nürnberg ist ein kleiner Ziegenbock mit einem Schneider, dahinter 50. Schneider mit Ziegenböcken sind, ein Glied lange für einen Gulden.

(XVIII.)

(XVIII.) Chymisches Gold, oder in Gold verwandeltes Metal. Man hat von alten Zeiten her geglaubt, daß es eine Transmutatio Metallorum gäbe, und man hat sich um das Goldmachen am meisten bemühet. Conf. Olaus *Borichius* und Hermannus *Conringius* de Medicina & Arte chymica Ægyptiorum. *Borichius* glaubet, die Kunst sey den Egyptern bekannt gewesen. *Conring* läugnet es. In den mittleren Zeiten hat man auch davon gehandelt. Sal, Sulphur, und Mercurius, sind die drey Principia. Die Chymici haben die Kunst unter Bildern und Räzeln vorgestellet. Die Kunst ist auch heut zu Tage sehr getrieben worden, und man findet in Kunstkammern vieles davon. Ein Medicus zu Cassel Thuruauser hat halb Gold und halb Eisen hervorgebracht, welches aber wohl ein Betrug mit löten ist. Wenceslaus Reinsperger hat bey dem Kayser Rudolpho II. seine divinam Metamorphosin exerciren wollen. Der Churpfälzische Oberjägermeister, Baron Pfenniger, hat auf fein Gold gesetzet: Aurea progenies Plumbo prognata parente. Es sind aber lauter Betrügereyen. Das Geheimnis heißt Lapis Philosophorum, und *Owenus* sagt, sie könten dilapidare Pecuniam. Diejenige, die die Kunst,

S   Gold

Gold zu machen, erlernet haben, heissen Adepti. (XVIIII.) Robertsmetal. Dieses, so in Engelland erfunden, pflegt man dem chymischen Golde beyzusetzen. Nemlich, als der unglückliche Churfürst Fridericus V. der des Königs in Engelland Jacobi Tochter Elisabeth geheyrathet hatte, verjagt wurde, so kamen seine Kinder nach Engelland, und Prinz Robert, sein Sohn offerirte jemanden ein Metal, welches Prinzmetal und Tomback genannt wurde, das er gemacht hatte. Dabey legt man auch Bilder von gegossenene Stahl, die sehr schwer zu giessen sind, die in Engelland Robert *Boyle* von anno 1695. bis 1725. gezeiget. Er hat sich Modelle von berühmten Künstlern schneiden, und mit Stahl fein ausgiessen lassen, welche Bilder vortreflich gerathen sind. (XX.) Kleider. In Kunstcabinettern hat man auch oft an fürstlichen Höfen eine Kleiderkammer, darin alte Trachten von Teutschen, und andern Europäischen Völkern aufbehalten werden. In Dresden ist eine schöne und kostbare Sammlung. Man behält aber besonders Kleider von auswärtigen Nationen auf, auch Kleider von merkwürdigen Personen, als von Heiligen, darin sie entleibt sind, von Helden, u. s. w. auch Cingula Veneris, die

die eyfersüchtige Italiäner ihren Weibern anlegen. (XXI.) **Kriegsstücke.** Man findet bey Kunstkammern auch wohl Rüstkammern von kleinen Kriegsstücken. Man hebt rare alte Gewehre auf von besonderer Grösse und Figur; Rüstungen von fremden Nationen, da die Lapländer, die kein Eisen haben, Spiese mit Fischgraten brauchen. Man zeigt auch allerhand neue Iuventiones von Kriegsrüstungen und Spieß-Gewehren. Man hebt auch Waffen von grossen Kriegs-Helden auf. Die Rüstkammer, die der Herzog Ferdinand von Oesterreich, ein Bruder des Kaysers Maximiliani I. angelegt hat, ist die gröste und kostbarste gewesen, die noch zu Ombras bey Inspruck gezeigt wird. Er hat in einer grossen Gallerie das Bild des Generals Hauen, und ihm die Waffen, die er von ihm gehabt, anlegen lassen. Sein Secretarius *Schwenck* hat sie beschreiben müssen in Folio und 4to. Davon jene sehr rar ist, diese aber habe ich wieder auflegen lassen. Es sind 125. Kupfer darin. Das Schwerd des grossen Königs Gustavi Adolphi, das er in der Schlacht bey Lützen geführet hat, ist rar, und Herr *Wallin* in Schweden, und Herr *Glafey* in Dresden, haben es beschrieben. Es stehet darauf: Inter Arma silent Leges, und: Sincere & constanter. Es ist aber wirklich nur erdichtet, was *Puffendorff*, und andere, ausdrücklich schreiben, daß er nackend auf der Wahlstatt gef... sey, und die Characteres, die darauf stehen, auch von ihm nicht kommen können. Die Helleparte, womit Wallenstein ermordet worden ist, wird betrieglicher Weise an dreyen Orten gezeiget. Es werden auch die Schwerder, womit berühmte Personen sind enthauptet worden, gezeiget, und die sind sehr merkwürdig, wenn man sie nur allezeit mit Gewißheit dafür annehmen könte. (XXII.) Porcellain. Dieses zeigte man vormahls auch in Kunstkammern. Nun aber hat man damit ganze Cabinetter und Gällerien ausgezieret, und man findet es besonders auch bey vornehmen Kaufleuten in Holland; auch sonst bey vielen vornehmen Herren. Das Wort, und das Gefäße selbst ist den Europäern erst durch die Portugiesische Handlung, zu Ausgang des fünfzehenten Sæculi, über die Linie, bekannt geworden. Die Alten haben davon nichts gewust, sondern nur die vasa Lemnia, Samia, und Argentina gehabt. Man verstehet durch Pocellain ein aus Erde gemachtes Gefäß, das nicht zerspringet, und doch in gehöriger Dicke durchsichtig bleibet.

Der

Der Name ist Portugiesisch. Die Chineser und Japoneser haben es gemacht. Vor 200. Jahren hat man noch nicht gewust, wo es gemacht würde. Vid. Guido *Pancirollus* de Rebus mirabilibus tam Deperditis quam recens Factis. *Salmuth* in Commentario ad *Pancirolli* Librum laudatum. Pere *le Conte* in den Reisen nach China. Pere *le Honte* und *Kæmpfer* in der Beschreibung von Japan. Man hat bey dem Porcellain zu sehen auf die Materie; auf die Kunst, wie es verfertiget ist; wie es gemahlet ist; und wie es gebrannt wird. Die Materie ist zweyerley: eine Art von hartem Steine, der dem Kiesel gleicht, Bedunse in China; und etwas Chinesische Erde, Koalim. Der Bedunse ist ein harter Felsen, der mit eisernen Hämmern abgeschlagen, und im Mörser zum feinsten Pulver gestoßen wird. Man kan ihn nicht ins Feuer legen, und zu Kalk brennen, denn da verlieret er seine Kraft. Koalim ist eine fette Erde aus China und Japan, die man zusetzt. Man gießt den zerstoßenen Bedunse ins Wasser, alsdenn schwimmt eine weiße Haut darauf, die die feinste Materie ist. Diese schöpft man ab, und thut sie in ein besonderes Gefäß, da sich wieder ein Kies unten sammlet, den man zerstößt, und die übrige

übrige Materie in einem Kasten an der Sonne trocknet. Man reinigt darauf den Koalim vom Sande, und setzt ihn zu dem Bedunse. Man vermischt diese Stücke so, daß zu der feinsten Sorte gleiche Portiones; zur mitleren drey Theile Bedunse, und vier Theile Koalim; und zur schlechten noch weniger Bedunse, das schwer zu bearbeiten ist, genommen wird. Diese Materien werden zum feinsten Teige getreten, welches sehr schwer ist; daher die Chineser sagten, der Porcellain würde von Menschen Knochen gemacht. Der Teig muß darauf wenigstens ein Jahr stehen, da er immer mit Wasser besprengt wird. Der Töpfer knetet ihn wieder mit Wasser durch, der ihn ordentlich drehet. Alsdann kriegt ihn der Former, der ihn in Gipserne Formen drucket, wie die Figuren daran aussehen sollen. Alsdann zieret es der Mahler noch vor dem brennen aus. Blau muß blau gemahlet werden, da die Glasur die blaue Farbe verdirbt; andere Farben werden aber damit überzogen. Die Glasur machen die Chineser aus einem Oel von pulverisirten Bedunse. Darauf brennt man den Porcellain, und zwar zweymal. Der erste Brand heist das Verglüen im ordentlichen Töpferofen 12. bis 14. Stunden in gewissen Kapseln übereinander. Zum andernmal

setzt

setzt man es in einen besondern Ofen, da es coaguliret, oder die Farbe einbrennet, welches gefährlich ist, wenn man zu viel Feuer anlegt. Man legt erst gelinde an, und läst es sechs Stunden gleich seyn, nachher aber 18. Stunden immer abnehmen. Sie müssen vier Tage darin stehen. Alsdenn polirt man es mit Wolfs= und Löwenzähnen und harten Jaspis, der dazu geschliffen ist. Je älter der Chinesische und Japonische Porcellain ist, desto kostbarer ist er, da die Alten den mehresten Fleis darauf wandten. Der Japonische ist der feinste, weil beyde Arten von Erde besser sind. Den alten Japonischen Porcellain nennet man Krack. Je grösser die Gefässe sind, desto kostbarer sind sie, wegen der besonderen dazu erforderlichen Oefen. Der vorige König in Preussen, des jetzigen Herr Grosvatter, hat 48. grosse Gefässe weisse und rothe mit grossen Kosten zusammen gebracht, dafür der König August in Pohlen ein schönes Regiment Dragoner gegeben. Die Kostbarkeit des Porcellains bestehet auch in der weisse, und je älter es ist, desto weisser ist es, da sich die Erde jetzt schön verändert. Man siehet auch sehr auf die Polirung, daß sich dabey keine Ritzen findet. Man siehet dabey auch auf die Mahlerey. Die Chineser haben gelbes, und

weil

weil das da die Hoffarbe ist, so darf es niemand anders haben, und es ist also in Europa rar. Es ist aber wirklich nicht so fein, als das andere. Die Mandarins haben auch Porcellain von einer Farbe mit lauter Gittergen bezogen, welches sehr schön ist. Sie haben auch weisses, darauf nur roth, blau, und Gold, aber sparsam ist. Das Chinesische Gold ist nicht gut, das blaue aber besser. Die Blumen sind schön; die Menschen aber schlecht. Das Porcellain mit erhabenen Figuren ist das schönste. Die gemeine sind auch braun, mit weissen Figuren, welches in China das gemeinste Hausgeschirr ist, da sie auch immer draus kochen, und werden auch Häuser damit, als mit Marmor, gezieret. Ja man hat ganze Porcellain-Thürme, die damit überzogen sind, und bey jedem Stockwerke hangen kleine metallene Glocken heraus. Der Porcellain ist so hart, daß ihn kein Wetter, auch das Feuer selbst nicht, ruiniret. Weil nun in ganz Orient üblich ist, daß man darin isset, so ist das eine starke Manufactur, und es kommen auch an den Türkischen Hof lauter solche Geschirre. Den Gebrauch des Porcellains befiehlt der Aberglaube, daß er dem Gifte die Kraft nehme, und das viele warme Trinken im Orient; und da dieses

letzter

letztere auch in Europa Mode geworden ist, so wird unser Silber immer dafür hingeschleppet. Da man jetzo in Europa an allen Höfen das Dresdensche Porcellain dem Chinesischen und Japanischen vorziehet, so gereicht es zur Ehre unsers Vaterlandes, es kennen zu lernen. Der Erfinder ist ein Apothecker-Geselle aus Wittenberg, Böttger, gewesen, der sich fleißig auf die Chymie gelegt und fleißig Bücher gelesen hat, daher man von ihm ausgesprenget, er könte Gold machen. Der König August hörte es, und ließ ihn nach Dresden kommen. Er läugnete, daß er die Kunst könte, und sagte, er hätte vielmehr Mühe angewandt Porcellain zu erfinden. Er ward auf den Königstein gesetzt, und ihm alles nöthige gegeben, da er dann das weisse Porcellain erfand, wozu ihm der grosse *Tschirnhausen* vielen Zuschub gethan hat. Er ist Baronisirt worden, aber doch nicht frey gekommen, und anno 1719. gestorben. Nach seinem Tode hat man es noch weiter gebracht. Die Materie ist zweyerley in den Sächsischen Gebürgen: ein alkalischer Talgspan; und eine aschenfarbige fette Erde, die auch röthlich fällt, und so zusammen gesetzt wird, als bey den Chinesern. Man hat befunden, welches die Chineser selbst gestehen, daß diese Ma-

S 5   terie

terie eben so gut sey, als die Chinesische. Man bewahret sie daher sehr scharf mit Wache. Dieses stürzte den Grafen Hoimb, der in Frankreich so naturalisirt gewesen, daß er, da man zu St. Clous eine Porcellain-Fabrique angelegt hatte, grosse Kisten mit Erden dahin schickte; daher er auf den Königstein gefangen gesetzt wurde, da er sich erhieng. Die Glasur ist auch dauerhaft und zärtlich. Die Gefässe sind noch zierlicher, als die Chinesische, und man macht ganze Statuen davon, die man in Modellen druckt, und so verfertiget. Man macht auch Brust- und kleine Bilder. An dem Sächsischen Porcellain ist auch die Auszierung besser, und besonders hat man es in der Farbe am höchsten gebracht, und alle Farben, die Feuer halten. Die Chineser haben blau, braun, roth, gelb. In Sachsen macht man grün, blau, roth, blümerant, und Pfirsischfarbe, und allerhand andere Couleurs. Man hat dazu die geschikteste Emaillen-Mahler, da das Chinesische Mahlen grob ist. Auch im Brennen übertreffen die Sächsische Porcellainmacher die Chineser, da das Sächsische nicht so leicht springt, als das Chinesische. Die Chineser erkennen selbst, daß das Sächsische Porcellain das ihre an der Weisse, Härte,

Gestalt,

Gestalt, Auszierung, in erhabenen Figuren, und Farben, weit übertreffe. Man hat im Sächsischen Porcellain auch alle Vögel ungemein natürlich nachgemacht, und jetzt ist man im Begrif, eine Orgel von Porcellain zu machen in der Catholischen Kirche. Das Sächsische Porcellain komt auch weit theurer. Ein ordinair Service von 4. Dutzend Teller, 6. Kumpen, 1. Dutzend Messerlemmel, Gabeln, Löffeln, Salz= und Gewürzfässern, kostet 4000. Rthlr. Einige wollen behaupten, das Sächsische Porcellain sey nicht so durchsichtig, als das Chinesische, und sey das Gold darauf nicht so dauerhaft. Es ist aber eine unerörterte Frage. Die Fabrique ist jetzt zu Meissen an der Elbe auf dem alten Schlosse; da man, als der König von Preussen in Sachsen einfiel, viele Form-Oefen, und andere Sachen, entzwey geschlagen hat. Diejenige, die das Geheimnis wissen, sind auf dem Königstein. Es weiß aber ein jeder nur ein wenig davon, damit es desto weniger verrathen werden könne. Die Mahlerey ist am wenigsten geheim. Die andere Künstler werden nie dimittiret. Ein Brief eines Jesuiten aus China, Pere Andrée Colle, hat ausdrücklich aus China berichtet, wie das Porcellain

lain da gemacht werde, in der reçeuil de lettres Edifiantes, dans China, und in dem Journal des savans Tom. 12. p. 309. und in den Memoires de Trevoux Jouin p. 39. zu Paris ist anno 1747. ein Tractat in 8vo. heraus gekommen, unter dem Titel: L'art de faire la porcellaine. Zu Berlin kam anno 1750. in 4to heraus: Das entdeckte Geheimnis des Porcellains, sowohl des Chinesischen, als des Sächsischen. Man hat zu Paris, St. Clous, Wien, Berlin, Potsdam, und zu Delft in Holland, auch angefangen, Porcellain zu machen. Es ist aber nur eine Tonarbeit, die nur durch das anfärben eine Glasur bekomt; es ist nicht so weiß, nicht so hart, und springt. Daher man so wenig in Engelland das Chinesische, als sonst das Sächsische Porcellain nachmachen können. Das Sächsische Porcellain ist für ein rechtes Gold-Bergwerk zu halten, ob es gleich viel Holz frist, daher man es an der Elbe angelegt hat, um das Flößholz gleich haben zu können, und die Arbeit viel kostet. Der Ueberschuß ist aber so groß, daß es vor allen andern den Vorzug hat, und selbst das jetzige Chinesische weit wohlfeiler ist.

www.ingramcontent.com/pod-product-compliance
Lightning Source LLC
Chambersburg PA
CBHW030819230426
43667CB00008B/1282